HANS HOFBAUER

Der Rechtscharakter der Tarifverträge
und der Allgemeinverbindlicherklärung

Schriften zum Sozial- und Arbeitsrecht

Band 13

Der Rechtscharakter der Tarifverträge
und der Allgemeinverbindlicherklärung

Von

Dipl.-Kfm. Dr. jur. Hans Hofbauer

DUNCKER & HUMBLOT / BERLIN

Alle Rechte vorbehalten
© 1974 Duncker & Humblot, Berlin 41
Gedruckt 1974 bei Berliner Buchdruckerei Union GmbH., Berlin 61
Printed in Germany

ISBN 3 428 03095 8

Inhaltsverzeichnis

Einleitung 13

Erster Teil
Der Rechtscharakter der Tarifverträge   15

Erster Abschnitt: Die Einordnung der Tarifverträge ins öffentliche oder ins private Recht als Vorfrage 15

1. Kapitel: Der Stand der Meinungen 15
  I. Der Tarifvertrag als rein öffentlich-rechtliche Institution 15
  II. Der Tarifvertrag als Institution sowohl des öffentlichen als auch des privaten Rechts 16
  III. Der Tarifvertrag als Institution des Privatrechts 18

2. Kapitel: Stellungnahme 19
  I. Die Einordnung des schuldrechtlichen Teils des Tarifvertrags 19
  II. Die Einordnung des normativen Teils des Tarifvertrags 21

Zweiter Abschnitt: Die rechtliche Natur des Tarifvertrags hinsichtlich der Art seiner Rechtserzeugung 25

1. Kapitel: Der obligatorische Teil als schuldrechtlicher Vertrag 25

2. Kapitel: Der normative Teil 25
  I. Problemstellung 25
  II. Die zur rechtlichen Natur des Tarifvertrags vertretenen Lösungen im einzelnen 27
    A. Die rein rechtsgeschäftlichen Theorien 27
      1. Die Erklärung des Tarifvertrags als kollektiven Schuldvertrag 27
        a) Darstellung 27
        b) Kritik und Ablehnung 28
      2. Die Erklärung des Tarifvertrags mit Hilfe der Vertretungstheorie 28
        a) Darstellung am Beispiel der Ansicht Ramms 28
        b) Kritik und Ablehnung 30
      3. Die Erklärung des Tarifvertrags mit Hilfe des § 317 BGB 32
        a) Darstellung der Lehre von Bötticher 32
        b) Kritik und Ablehnung 33
    B. Die Rechtssatztheorien 33

1. Der Stand der Meinungen 33
   a) Die Tarifnormen als Ergebnis originärer Normsetzungsbefugnis 34
      aa) Darstellung dieser Lehre 34
      bb) Ablehnung 35
   b) Die Tarifnormen als Ergebnis delegierter staatlicher Normsetzungsbefugnis 35
   c) Die Tarifnormen als rechtsgeschäftliche Normen 37
2. Stellungnahme 39
   a) Abwägung zwischen Rechtssatz und privatautonomer Normenbildung 39
      aa) Der Gedanke der Autonomie 39
      bb) Abwägung der Bezeichnung „Rechtsnormen" 41
      cc) Die unmittelbare und zwingende Wirkung der Tarifnormen 43
      dd) Einordnung mit Hilfe der Gemeinwohlidee 45
   b) Zur Frage der Systemkonformität der Annahme privatautonomer Normbildung 47
      aa) Die Vereinbarkeit eines als rechtsgeschäftliche Normbildung verstandenen Tarifvertrags mit dem Grundsatz staatlicher Subsidiarität 48
      bb) Der Grundrechtsschutz gegenüber rechtsgeschäftlich erzeugten Tarifnormen 51
3. Zusammenfassung und Ergebnis 52

Zweiter Teil

Der Rechtscharakter der Allgemeinverbindlicherklärung   55

Erster Abschnitt: Die Verwaltungsakt-Theorien 57

1. Kapitel: Die Allgemeinverbindlicherklärung als Verwaltungsakt gegenüber den Tarifvertragsparteien 58

I. Die Lehre von der erweiterten Autonomie der Verbände 58
   A. Darstellung 58
   B. Kritik und Ablehnung 59
      1. Erweiterte Autonomie ist nicht mit dem Verbandsprinzip zu vereinbaren 59
      2. Die Annahme einer erweiterten Autonomie widerspricht dem Grundsatz der negativen Koalitionsfreiheit 60
      3. Eine erweiterte Autonomie ist im Gesetz nicht vorgesehen 61

II. Die Lehre von der AVE als Verleihung zusätzlicher absoluter Sondertariffähigkeit 62
   A. Darstellung 62
   B. Kritik und Ablehnung 64
      1. Der Vergleich der Allgemeinverbindlicherklärung mit § 20 Abs. III BetrVerfG a. F. trägt nicht 64
      2. Die Übertragung von Rechtsetzungsbefugnissen durch Verwaltungsakt ist nicht zulässig 64

3. Ein Vergleich der AVE mit der Zustimmung des gesetzlichen Vertreters zum Rechtsgeschäft eines beschränkt Geschäftsfähigen ist nicht möglich 65

III. Die Ansicht von E. R. Huber 66

    A. Darstellung 66

    B. Kritik und Ablehnung 66

2. Kapitel: Die Allgemeinverbindlicherklärung als Verwaltungsakt gegenüber den Tarifparteien und den Außenseitern 67

  I. Dei Lehre von der Allgemeinverbindlicherklärung als qualifiziertem Verwaltungsakt 67

    A. Darstellung 67

    B. Kritik und Ablehnung der Lehre vom qualifizierten Verwaltungsakt 68

  II. Die AVE als Regierungsakt 69

    A. Darstellung 69

    B. Kritik und Ablehnung 69

3. Kapitel: Die Allgemeinverbindlicherklärung als Allgemeinverfügung gegenüber den Außenseitern 71

  I. Allgemeines 71

  II. Argumente für die Qualifizierung der Allgemeinverbindlicherklärung als einen Unterfall des Verwaltungsakts und deren Kritik 72

    A. Der Wortlaut des Gesetzes 72

    B. Die Frage der Abhängigkeit der Allgemeinverbindlicherklärung vom Tarifvertrag 73

      1. Darstellung der Argumentation 73

      2. Kritik zum Argument der Abhängigkeit 74

    C. Das Fehlen eines Verkündungszwanges für den allgemeinverbindlich erklärten Tarifvertrag 77

      1. Die Argumentation im einzelnen 77

      2. Kritik zur Frage der Veröffentlichung 78

    D. Die Frage der Zustimmungsbedürftigkeit durch den Bundesrat .. 79

      1. Darstellung 79

      2. Kritik 80

    E. Die gesetzliche Ermächtigung für eine als Rechtsverordnung aufgefaßte Allgemeinverbindlicherklärung 81

      1. Darstellung der Frage nach der gesetzlichen Ermächtigung 81

      2. Kritik 81

  III. Bedenken gegen eine Qualifizierung der Allgemeinverbindlicherklärung als einen Unterfall des Verwaltungsakts 83

    A. Die Frage der Zuständigkeit zum Erlaß der Allgemeinverbindlicherklärung 83

    B. Der Widerruf der Allgemeinverbindlicherklärung als begünstigendem Verwaltungsakt 84

    C. Die Frage der Beiladung 84

D. Bei Annahme eines Verwaltungsakts in der Form der Allgemeinverfügung ist der Adressatenkreis der Allgemeinverfügung nicht hinreichend bestimmbar 85

E. Die AVE ist ein Rechtsetzungsvorgang 88

Zweiter Abschnitt: Die Lehre von der Doppelnatur der Allgemeinverbindlicherklärung 90

1. Kapitel: Darstellung der Lehre 90

2. Kapitel: Stellungnahme 91

I. Die Voraussetzung einer erweiterten Autonomie der Verbände kann nicht aufrechterhalten werden 91

II. Ein Vergleich der Allgemeinverbindlicherklärung mit der staatlichen Genehmigung von Satzungen autonomer Verbände ist nicht möglich 92

III. Ergebnis 93

Dritter Abschnitt: Die Allgemeinverbindlicherklärung als Rechtsverordnung 95

1. Kapitel: Darstellung der Verordnungstheorie 95

2. Kapitel: Stellungnahme 96

I. Beurteilung hinsichtlich der Außenseiter 96

II. Beurteilung hinsichtlich der Tarifverbände 98

3. Kapitel: Rechtsschutzerwägungen 99

I. Der Rechtsschutz für die Tarifverbände 99

A. Rechtsschutz gegenüber dem Erlaß einer Allgemeinverbindlicherklärung 99

B. Rechtsschutz gegenüber der Ablehnung eines Antrags auf Allgemeinverbindlicherklärung 100

II. Der Rechtsschutz für die Außenseiter 101

Zusammenfassung 102

Literaturverzeichnis 103

Abkürzungsverzeichnis

a. A.	=	anderer Ansicht
AcP	=	Archiv für die civilistische Praxis
A. F.	=	alte Fassung
AG	=	Arbeitgeber
AGG	=	Arbeitsgerichtsgesetz
AN	=	Arbeitnehmer
AöR	=	Archiv des öffentlichen Rechts
AP	=	Arbeitsrechtliche Praxis — Nachschlagewerk des Bundesarbeitsgerichts
AR	=	Arbeitsrecht (Zeitschrift, hrsg. von Potthoff)
Arbeitgeber	=	Der Arbeitgeber (Zeitschrift)
ArbRBl.	=	Arbeitsrechtsblattei, Handbuch für die Arbeitsrechtspraxis (ergänzbare Loseblattausgabe)
ArbuR	=	Arbeit und Recht, Zeitschrift für Arbeitsrechtspraxis
AT	=	Allgemeiner Teil
av	=	allgemeinverbindlich
AV	=	Allgemeinverfügung
ave	=	allgemeinverbindlich erklärt
AVE	=	Allgemeinverbindlicherklärung
BAG	=	Bundesarbeitsgericht
BAGE	=	Amtliche Entscheidungssammlung des Bundesarbeitsgerichts
BArbBl.	=	Bundesarbeitsblatt
BayVerfGH	=	Bayerischer Verfassungsgerichtshof
BayVBl.	=	Bayerische Verwaltungsblätter (Zeitschrift)
BayVGH	=	Bayerischer Verwaltungsgerichtshof
BB	=	Der Betriebsberater (Zeitschrift)
BetrVerfG	=	Betriebsverfassungsgesetz
BGB	=	Bürgerliches Gesetzbuch
BGBl.	=	Bundesgesetzblatt
BGH	=	Bundesgerichtshof
BGHZ	=	Amtliche Entscheidungssammlung des Bundesgerichtshofes in Zivilsachen
BMA	=	Bundesminister für Arbeit und Sozialordnung
BRD	=	Bundesrepublik Deutschland
BVerfG	=	Bundesverfassungsgericht
BVerfGE	=	Amtliche Entscheidungssammlung des Bundesverfassungsgerichts
BVerwGG	=	Gesetz über das Bundesverwaltungsgericht
DB	=	Der Betrieb (Zeitschrift)
DJT	=	Deutscher Juristentag
DöV	=	Die Öffentliche Verwaltung (Zeitschrift)
DVBl.	=	Deutsches Verwaltungsblatt (Zeitschrift)
d. Verf.	=	der Verfasser
DVO	=	Durchführungsverordnung

DR	=	Deutsches Recht (Zeitschrift)
DRZ	=	bis 1935: Deutsche Richterzeitung; ab 1946: Deutsche Rechtszeitschrift, ab 1.1.51 übergeleitet in die Juristenzeitung
E	=	Amtliche Entscheidungssammlung
Entsch.	=	Entscheidung
Erl.	=	Erläuterung
EurGH	=	Europäischer Gerichtshof
G	=	Gesetz
GBl.	=	Gesetzblatt
GG	=	Grundgesetz
HAG	=	Heimarbeitsgesetz
Hess.	=	Hessisch
h. L.	=	herrschende Lehre
h. M.	=	herrschende Meinung
i. d. R.	=	in der Reihe
IherJB	=	Iherings Jahrbücher für die Dogmatik des bürgerlichen Rechts
i. S.	=	im Sinne
JR	=	Juristische Rundschau (Zeitschrift)
jur.	=	juristisch
JuS	=	Juristische Schulung (Zeitschrift)
JW	=	Juristische Wochenschrift (Zeitschrift)
JZ	=	Juristenzeitung (Zeitschrift)
m. a. W.	=	mit anderen Worten
MindarbBG	=	Gesetz über die Festlegung von Mindestarbeitsbedingungen
MDR	=	Monatsschrift für Deutsches Recht (Zeitschrift)
m. E.	=	meines Erachtens
n. F.	=	neue Fassung
NJW	=	Neue Juristische Wochenschrift (Zeitung)
Nr.	=	Nummer
NZfAR	=	Neue Zeitschrift für Arbeitsrecht
o.	=	ohne
ÖZföR	=	Österreichische Zeitschrift für öffentliches Recht
OVG	=	Oberverwaltungsgericht
OVGE	=	Entscheidungen der Oberverwaltungsgerichte für das Land Nordrhein-Westfalen in Münster, sowie für die Länder Niedersachsen und Schleswig-Holstein in Lüneburg
RAG	=	Reichsarbeitsgericht
RdA	=	Recht der Arbeit (Zeitschrift)
Rdn.	=	Randnummer
RG	=	Reichsgericht
RGBl.	=	Reichsgesetzblatt
RGZ	=	Amtliche Sammlung der Entscheidung des Reichsgerichts für Zivilsachen
Rspr.	=	Rechtsprechung
RV	=	Reichsverfassung
RVO	=	Rechtsverordnung
TarifVO	=	Tarifvertragsverordnung vom 23.12.1918
TV	=	Tarifvertrag
TVG	=	Tarifvertragsgesetz
U	=	Urteil

v.	=	vom
VA	=	Verwaltungsakt
VerwArch	=	Verwaltungsarchiv, Zeitschrift für Verwaltungslehre, Verwaltungsrecht und Verwaltungspolitik
VerwG	=	Verwaltungsgericht
VwGO	=	Verwaltungsgerichtsordnung
VGH	=	Verwaltungsgerichtshof
VO	=	Verordnung
VwZG	=	Verwaltungszustellungsgesetz
WeimRV	=	Weimarer Reichsverfassung vom 11. 8. 1919
WiGBl.	=	Gesetzblatt der Verwaltung des vereinigten Wirtschaftsgebietes
Württ.-Bad.	=	Württemberg-Badisch
ZAS	=	Zeitschrift für Arbeitsrecht und Sozialrecht (österreichische Zeitschrift)
ZfA	=	Zeitschrift für Arbeitsrecht

Einleitung

In der Frage nach dem Rechtscharakter[1] der Tarifverträge[2] und der Allgemeinverbindlicherklärung[2] ist, nach mehr als 30jährigem Streit[3], auch heute noch kein Friede in Sicht. Im Gegenteil, gerade in jüngster Zeit wurden neue Lösungsversuche bekannt, die die Diskussion immer wieder in Bewegung bringen[4].

Um dem rechtlichen Charakter zunächst der Tarifverträge auf die Spur zu kommen, scheint es sinnvoll, zuerst deren Einordnung ins öffentliche oder ins private Recht bzw. in beide Bereiche zu klären. Hierdurch wird der Blick frei für die m. E. gewichtigere Frage nach dem Geltungsgrund der Tarifnormen, die zugleich aufs engste mit deren Einordnung ins Gesamtrechtssystem verbunden ist.

Es zeigt sich nämlich — nach der Aussonderung einiger Theorien, die nicht zu überzeugen vermögen — sehr bald, daß die bislang herrschende Delegationstheorie mit ihrem Verständnis der Tarifnormen als Rechtssätze kraft hoheitlich delegierter Rechtssetzungsbefugnis nicht mehr unangefochten ist, sondern ein privatautonomer Erklärungsversuch an Boden gewinnt. Der Streit spitzt sich zu auf die Frage, ob die Tarifnormen staatlich delegiertes Recht oder privatautonomes, durch gesetzliche Anordnung im Rahmen des Günstigkeitsprinzips unabdingbar gewordenes Recht (rechtsgeschäftliche Normen) sind. Anders liegen die Dinge beim allgemeinverbindlich erklärten Tarifvertrag. Daß die Allgemeinverbindlicherklärung öffentlich-rechtlichen Charakter hat, ist ohne weiteres klar; bedarf doch die grundsätzlich auf den Kreis der Mit-

---

[1] In der Literatur findet man statt dessen auch häufig die Bezeichnung „Rechtnatur". Zwischen beiden Begriffen soll im Rahmen dieser Arbeit nicht unterschieden werden.
[2] Auf eine Definition der Begriffe „Tarifvertrag" und „Allgemeinverbindlicherklärung" wird verzichtet, da sie als bekannt vorausgesetzt werden.
[3] Die Auseinandersetzung um die Rechtsnatur des Tarifvertrages bekam mit Erlaß der Verordnung über Tarifverträge, Arbeiter- und Angestelltenausschüsse und Schlichtung von Arbeitsstreitigkeiten (TarifVO) vom 23. Dezember 1918 (RGBl. I S. 1456 ff.) ihre gesetzgeberische Grundlage.
[4] Hierbei erweist sich ein Blick über die Grenze auf die Entwicklung im österreichischen Arbeitsrecht immer wieder als nützlich, da infolge der dort zu beobachtenden lebhaften Diskussion wertvolle Impulse für das deutsche Arbeitsrecht zu gewinnen sind.
Zur Frage des Tarifrechts im Rahmen der EWG vgl. *Biedenkopf*, Kurt H., Die zukünftige Entwicklung des Tarifvertragsrechts in der Europäischen Gemeinschaft, in: Mayer-Maly, Theo (Hrsg.) Kollektivverträge in Europa-Conventions collectives de travail, München und Salzburg 1972.

glieder beschränkte Regelungsbefugnis der Tarifverbände eines staatlichen Hoheitsakts, um auch die Außenseiter erfassen zu können.

Schwierigkeiten bereitet jedoch die Frage, ob es sich bei dem Hoheitsakt „Allgemeinverbindlicherklärung" um

(a) eine Maßnahme zur Erweiterung des Geltungsbereichs der autonomen Tarifnormen in Form eines Verwaltungsakts handelt, oder

(b) um die staatliche Zustimmung zur Ausübung einer latent bereits vorgegebenen Regelungsbefugnis der Verbände auch hinsichtlich der Außenseiter, ähnlich der körperschaftlichen Satzungsgenehmigung, oder

(c) um einen Akt der Rechtssetzung.

Es ist also wieder die Frage nach dem Geltungsgrund, der dann seinerseits wieder die Rechtsform — Verwaltungsakt oder Rechtsverordnung — der Allgemeinverbindlicherklärung bestimmt, die der Lösung bedarf.

Erster Teil

Der Rechtscharakter der Tarifverträge

Erster Abschnitt

Die Einordnung der Tarifverträge ins öffentliche oder ins private Recht als Vorfrage

Der Tarifvertrag enthält — neben der Regelung von Rechten und Pflichten der Tarifparteien im obligatorischen Teil — Rechtsnormen mit unmittelbarer und zwingender Wirkung zwischen den beiderseits Tarifgebundenen (§ 4 Abs. I TVG)[5]. Die Frage nach dem Rechtscharakter dieses zwiespältigen Gebildes „Tarifvertrag" wirft nun seit jeher beachtliche Schwierigkeiten auf.

So ist auch seine Einordnung ins öffentliche oder ins private Recht bzw. seine Ansiedlung zwischen diesen Bereichen nach wie vor umstritten. Wer den Tarifvertrag dem öffentlichen Recht zuordnen will[6], scheitert u. a. daran, daß kein Träger öffentlicher Gewalt am Tarifverhältnis beteiligt ist; seine Zuordnung zum Privatrecht[7] dagegen stößt auf die schwierige Frage der Rechtsetzungsmacht in der Hand von Privaten. Aber auch die Charakterisierung des Tarifvertrags als Bestandteil sowohl des öffentlichen als auch des privaten Rechts[8] vermag im Rahmen der allgemeinen Lehren nicht voll zu befriedigen.

1. Kapitel: Der Stand der Meinungen

I. Der Tarifvertrag als rein öffentlich-rechtliche Institution

Die Einordnung des ganzen Tarifvertrags in das öffentliche Recht war zur Zeit der Geltung der TarifVO[9] durchaus verbreitet. Heute dagegen werden rein öffentlich-rechtliche Theorien — soweit ersicht-

---

[5] Tarifvertragsgesetz vom 9. April 1949 (WiGBl. 1949 S. 55) i. d. F. vom 25. August 1969 (BGBl. I S. 1323).
[6] Vgl. zu den öffentlich-rechtlichen Theorien die Literaturangaben in Anm. 9 ff.
[7] So die h. M.
[8] Vgl. hierzu die unter bei Anm. 16 zitierten Autoren.
[9] Vgl. oben Anm. 3.

lich — nicht mehr vertreten. Es mag deshalb genügen, wenn diese Meinungen der Vollständigkeit halber kurz erwähnt werden; auf ihre ausführliche Darstellung und Kritik soll jedoch verzichtet werden.

Die wohl extremste Ansicht sah im Tarifvertrag eine Rechtsverordnung[10], ja, vereinzelt sogar ein Gesetz[11]. Nach anderer Meinung[12, 13] handelt es sich um eine rechtsetzende Vereinbarung öffentlich-rechtlicher Art[14].

Auch die Ansicht, der Tarifvertrag sei im ganzen ein öffentlich-rechtlicher Vertrag, wurde vertreten[15].

Alle diese Meinungen können, soweit sie den Tarifvertrag vollständig dem öffentlichen Recht zuordnen wollen, als überholt gelten, so daß sich ein weiteres Eingehen auf sie erübrigt.

II. Der Tarifvertrag als Institution sowohl des öffentlichen als auch des privaten Rechts

Eine Gruppe von Autoren weist den Tarifvertrag zum Teil dem öffentlichen, zum Teil dem privaten Recht zu[16]. Es wird diesbezüglich unterschieden zwischen dem obligatorischen und dem normativen Teil des Tarifvertrags. Der obligatorische Teil wird von den genannten

---

[10] So *Dechant*, Hans, Der Kollektivvertrag nach österreichischem und deutschem Recht unter Berücksichtigung des schweizerischen Obligationenrechtes, Wien, Leipzig, München 1923, S. 34 ff.; desgleichen *Becker*, Erich, Die Tarifnormen-Kollision, Diss. jur. Leipzig 1924, in: Schriften des Instituts für Arbeitsrecht an der Universität Leipzig, Heft 4, S. 7.
[11] So etwa *Lange*, Erich, Die Rechte der Gewerkschaften, NZfAr 1923, Spalte 301 ff. (305).
[12] So etwa *Kaskel*, Walter, Arbeitsrecht, 3. Aufl., Berlin 1928, S. 20; *Nipperdey*, Hans Carl, Beiträge zum Tarifrecht, Mannheim, Berlin, Leipzig 1924, Seite 140, Anm. 86, der aber seine Ansicht später geändert hat; vgl. auch *Molitor*, Erich, Die Rechtsnatur der Arbeitsordnung und der Tarifbestimmungen, AR 1923, Sp. 321 ff. (336).
[13] Vgl. neuerdings für die Ansicht, daß es sich beim Tarifvertrag um eine rechtsetzende Vereinbarung, allerdings privatrechtlicher Art handelt: *Herschel*, Wilhelm, Fragen des Tarifrechts, BABl. 1950, S. 377 ff. (378); vgl. auch *Peters*, Hans, Lehrbuch der Verwaltung, Berlin, Göttingen, Heidelberg 1949, S. 79.
[14] Zur rechtsetzenden Vereinbarung vgl. *Jacobi*, Erwin, Grundlehren des Arbeitsrechts, Leipzig 1927, S. 262; *Huber*, Ernst Rudolf, Wirtschaftsverwaltungsrecht Bd. II, 2. Aufl., Tübingen 1954, S. 430 f.; *Walz*, G. A., Die „Vereinbarung" als Rechtsfigur des öffentlichen Rechts, AöR 53, S. 161 ff.
[15] So etwa *Neumann*, Franz, AR 1926, Sp. 39 ff.
[16] So schon *Sinzheimer*, Hugo, Grundzüge des Arbeitsrechts, 2. Aufl., Jena 1927, S. 273 ff.; aus der neueren Literatur insbes. *Nikisch*, Arthur, Arbeitsrecht, Bd. II, 2. Aufl., Tübingen 1959, S. 218 f.; *Huber*, E.-R., Wirtschaftsverwaltungsrecht II, S. 431 f.; *Streng*, Otto-Herbert, Tarifvertrag und Einzelarbeitsverhältnis, Diss. jur. Erlangen—Nürnberg 1963, S. 30, 35 f.; *Hinz*, Manfred O., Tarifhoheit und Verfassungsrecht, in der Reihe Schriften zum Öffentlichen Recht, Bd. 137, Berlin 1971, insbes. S. 106 f.; *Westecker*, Wilhelm,

1. Kap.: Der Stand der Meinungen

Autoren einhellig dem Privatrecht zugeordnet. Es handelt sich hierbei nach allgemeiner Meinung um einen bürgerlich-rechtlichen Schuldvertrag zwischen den abschließenden Tarifvertragsparteien.

Im Gegensatz hierzu sei der normative Teil dem öffentlichen Recht zuzuordnen; der Tarifvertrag habe also insofern eine Doppelnatur[17, 18].

Grundlage dieser Meinung ist der Wunsch, die unmittelbare und zwingende Wirkung des Tarifvertrags (§ 4 Abs. I TVG) zu erklären. Es wird etwa folgendermaßen argumentiert: Die Tarifnormen haben die Qualität von echten Rechtssätzen[19]. Durch den Abschluß von Tarifverträgen üben die Verbände „übertragene Rechtsetzungshoheit aus"[20].

Die Tarifparteien sind, „obwohl Verbände des privaten Rechts, in ihrer rechtsetzenden Funktion Träger von Hoheitsfunktionen"[21].

Ihre Rechtsetzungsbefugnis ist den Tarifverbänden vom Staat verliehen worden[22, 23]; es handelt sich demnach um staatliche Delegation der Rechtsetzungsgewalt. Ein Rechtsetzungsakt aber, der auf staatlich delegierter Rechtsetzungsbefugnis beruht, sei „zwangsläufig öffentlich-rechtlicher Natur"[24], denn „unsere Rechtsordnung monopolisiert die Fähigkeit, objektives, für die Betroffenen unmittelbar verbindliches Recht zu schaffen, bei den Trägern hoheitlicher Gewalt"[25].

Da der Tarifvertrag nicht einseitig angeordnet, sondern von den gleichberechtigten Tarifparteien gemeinsam geschaffen wird, handle es sich um einen Vertrag, und zwar um einen öffentlich-rechtlichen Normenvertrag[26].

Die Rechtsnatur von Tariffähigkeit und Tarifgebundenheit, öffentlich-rechtliche Befugnis oder privatrechtliche Gestaltungsmacht und Unterwerfung, Diss. jur. Würzburg 1966, S. 151 ff.; *Müller*, Gerhard, Probleme der Friedenspflicht, DB 1959, S. 515 ff. (516).
[17] So *Nikisch*, A., Arbeitsrecht, S. 218.
[18] Dagegen *Hueck-Nipperdey*, Lehrbuch des Arbeitsrechts, Bd. II/1, 7. Auflage, Berlin und Frankfurt 1967, S. 344 Anm. 8 a — hier wird die Doppelnatur nicht in der Zuordnung teils zum öffentlichen, teils zum privaten Recht gesehen, sondern im Vorliegen von zwei verschiedenen Vertragstypen.
[19] h. M. auch bei den Verfechtern einer privatrechtlichen Natur des ganzen Tarifvertrags.
[20] *Huber*, E. R., Wirtschaftsverwaltungsrecht, S. 431.
[21] Ebenda, S. 431.
[22] Sie seien somit also „beliehene Verbände", vgl. *Huber*, E. R., Wirtschaftsverwaltungsrecht, S. 432.
[23] Dies behauptet aber auch die als h. M. zu bezeichnende Delegationstheorie, die den Tarifvertrag dennoch als Ganzes dem Privatrecht zuordnet; vgl. zur Delegationstheorie unten 2. Abschn., 2. Kap., II B 1 b.
[24] *Streng*, O. H., Tarifvertrag, S. 30 unter Berufung auf *Huber*, E. R., Wirtschaftsverwaltungsrecht.
[25] *Huber*, E. R., Wirtschaftsverwaltungsrecht, S. 432.
[26] Vgl. ebenda, S. 432; ebenso *Nikisch*, A, Arbeitsrecht, S. 219.

III. Der Tarifvertrag als Institution des Privatrechts

Im Gegensatz zu den eben angeführten Lösungsversuchen ordnet die herrschende Meinung[27, 28] den Tarifvertrag im ganzen dem Privatrecht zu.

Demnach ist der obligatorische Teil ein schuldrechtlicher Vertrag, der nach den allgemeinen Regeln des Schuldrechts zu behandeln ist[29].

Aber auch der normative Teil gehört nach herrschender Meinung dem Privatrecht an, da er zwischen privatrechtlichen Parteien in der Form des privatrechtlichen Vertrages zur Regelung privater Rechtsverhältnisse abgeschlossen wird[30]. Der privatrechtlichen Natur des Tarifvertrags steht nicht entgegen, daß er Rechtsnormen schafft, denn, wie etwa die Vereinssatzung zeigt, gehört das Setzen von Rechtsnormen keineswegs notwendig dem öffentlichen Recht an[31].

Die Frage der unmittelbaren und zwingenden Wirkung der Tarifnormen sei auch bei privatrechtlich verstandenem Tarifvertrag lösbar.

Es lassen sich drei grundsätzlich verschiedene Arten von Erklärungsversuchen erkennen.

Da sind zunächst die *rechtsgeschäftlichen* Lösungsversuche, die in unterschiedlicher Ausgestaltung insbesondere von *Jacobi*[32], *Ramm*[33] und *Bötticher*[34] vorgetragen werden. Geltungsgrundlage für die einzelnen Arbeitgeber und Arbeitnehmer ist hiernach deren Unterwerfung unter den Willen des Verbandes[35].

Ferner finden wir die *Rechtssatztheorien*, unterteilt in die Ansicht, die Tarifverbände hätten *originäre Normsetzungsbefugnis*[36] und in die

---

[27] Vgl. statt vieler *Hueck-Nipperdey*, Lehrbuch II, § 18 I (S. 339 ff.) und die dort (insbes. Anm. 2) zitierte Literatur.
[28] Diese Auffassung vertritt auch die Rechtsprechung; vgl. etwa BAG AP Nr. 18 zu Art. 3 GG; BAGE 1, 258; BAG vom 23. 3. 1957 in ArbRBl.: Tarifvertrag I B Entsch. 1.
[29] Vgl. *Hueck-Nipperdey*, Lehrbuch II, S. 344.
[30] Vgl. ebenda, S. 341 ff.; vgl. auch *Bobrowski-Gaul*, Das Arbeitsrecht im Betrieb, 6. Aufl., Heidelberg 1970, M II Rdn. 4, Rdn. 18.
[31] Vgl. *Hueck-Nipperdey-Stahlhacke*, TVG, 4. Aufl., München und Berlin 1964, § 1, Rdn. 185.
[32] Vgl. *Jacobi*, E., Grundlehren, S. 246 ff.
[33] Vgl. *Ramm*, Thilo, Die Parteien des Tarifvertrags, Stuttgart 1961; ders., Die Rechtsnatur des Tarifvertrags, JZ 1962, S. 78 ff.; ders., Die Rechtsprechung des Bundesarbeitsgerichts, JZ 1964, S. 546 ff.
[34] Vgl. *Bötticher*, Eduard, Gestaltungsrecht und Unterwerfung im Privatrecht, Berlin 1964, S. 18 ff.
[35] Eine Ausnahme gilt hinsichtlich der Arbeitgeber beim Firmentarif.
[36] Vgl. v. a. *Herschel*, Wilhelm, Zur Rechtsnatur der Allgemeinverbindlicherklärung von Tarifverträgen, in: Sozialreform und Sozialrecht, Festschrift für Walter Bogs, Berlin 1959, S. 125 ff. (130 f.); ferner *Feistel*, Klaus, Die Zulässigkeit der Normierung von Beweislastregeln in Tarifverträgen, Diss. jur. Köln 1969, insbes. S. 57 ff.

herrschende *Delegationstheorie*[37]. Und schließlich wird versucht, den Tarifvertrag als *rechtsgeschäftliche Norm* zu erklären[38]. Auf die genannten Lösungsversuche wird noch genauer einzugehen sein[39]; gemeinsam ist allen, daß sie den Tarifvertrag auf den Boden des Privatrechts stellen und von dieser Grundlage aus versuchen, die unmittelbare und zwingende Wirkung der Tarifnormen zu erklären. Die meisten von ihnen bemühen sich übrigens nicht darum, die privatrechtliche Natur des Tarifvertrags im einzelnen zu beweisen.

2. Kapitel: Stellungnahme

Die Frage der Zugehörigkeit des Tarifrechts zum privaten oder zum öffentlichen Recht hat wegen der in §§ 2, 3 AGG begründeten weitgehenden Zuständigkeit der Arbeitsgerichte keine größere praktische Bedeutung[40]. Dessen ungeachtet ist die Frage aber doch von theoretischem Interesse, etwa für deren Einordnung ins Gesamtrechtsgefüge.

I. Die Einordnung des schuldrechtlichen Teils des Tarifvertrags

Der obligatorische Teil des Tarifvertrags wird heute fast einhellig dem Privatrecht zugeordnet. Zur Begründung wird angeführt, daß der Tarifvertrag von privatrechtlichen Parteien in Wahrnehmung privater Interessen abgeschlossen wird[41, 42]. Zur Unterscheidung wird also die Interessentheorie[43] herangezogen.

Nach dieser Lehre gehören dem öffentlichen Recht diejenigen Regelungen an, die überwiegend im Interesse der Allgemeinheit[44] erfolgen, dem Privatrecht dagegen solche, die vorwiegend privaten Interessen

---

[37] Vgl. statt vieler *Hueck-Nipperdey*, Lehrbuch II, S. 345 ff.
[38] Vgl. die unten im 2. Abschnitt bei Anm. 68 angeführten Autoren.
[39] Vgl. hierzu die Ausführungen im 2. Kap. dieses Abschnitts.
[40] Vgl. *Küchenhoff*, Günther, Kapitel: Dienstvertrag in: *Erman*, Walter, Handkommentar zum BGB, Bd. I, 4. Aufl., Münster 1967 mit Nachtrag von 1969, Vor § 611, 4 d.
[41] Vgl. oben Anm. 30.
[42] Zur Unterscheidung von öffentlichem und privatem Recht im allgemeinen vgl. statt vieler insbes. *Molitor*, Erich, Über öffentliches Recht und Privatrecht, Karlsruhe 1949.
[43] Vgl. hierzu BVerwGE 13, 49 f. = DVBl. 62, 134; *Eyermann-Fröhler*, VwGO, 5. Aufl., München 1971, § 40, Rdn. 5; *Menger*, Christian-Friedrich, Höchstrichterliche Rechtsprechung zum Verwaltungsrecht, Verw.Arch. 1962, S. 394; vgl. auch *Rupp*, Hans Heinrich, Zum Anwendungsbereich des verwaltungsrechtlichen Vertrages, JuS 1961, 59 ff. (60).
[44] Zur Frage des öffentlichen Interesses vgl. grundlegend *Häberle*, Peter, Öffentliches Interesse als juristisches Problem, Bad Homburg 1970; Zum Begriff der Öffentlichkeit vgl. *List*, Friedrich, Über den Begriff und das Tatbestandsmerkmal der Öffentlichkeit in: Festschrift für Friedrich Giese, Frankfurt 1953, S. 135 ff.

dienen[45]. Der obligatorische Teil des Tarifvertrags beinhaltet[46] die Regelung der Rechte und Pflichten der Tarifvertragsparteien gegeneinander. Diese können im einzelnen sehr verschiedenartig ausgestaltet sein, immer jedoch handelt es sich um Abmachungen von Privaten[47] im Interesse von privaten Gruppen.

Aber der obligatorische Teil des Tarifvertrags erschöpft sich nicht allein in Regelungen, die nur die beteiligten Koalitionen direkt und unmittelbar betreffen.

Sehr wesentlich sind nämlich auch die sogenannten immanenten Pflichten[48], insbesondere Friedenspflicht und Durchführungspflicht, die, auch ohne ausdrücklich vereinbart zu sein, Inhalt des obligatorischen Teils jedes Tarifvertrags sind.

Insbesondere die Wirkungen der Friedenspflicht[49] wachsen weit über die bloße Regelung des unmittelbaren Verhältnisses der Verbände zueinander hinaus. So ist eine ihrer Folgen eine erhebliche Einschränkung der Zahl von Streiks und Aussperrungen — ein Umstand, der dem gesamten Wirtschaftsleben, ja sogar der ganzen Öffentlichkeit zugute kommt.

Es könnte deshalb naheliegen, in der Friedenspflicht — und in vermindertem Ausmaß auch in der Durchführungspflicht — eine öffentlich-rechtliche Funktion der Tarifverträge zu sehen[50]. Zur Beantwortung

---

[45] Nach der bis vor einiger Zeit herrschenden Subjektionstheorie, nach der ein öffentlich-rechtliches Rechtsverhältnis dann vorliegt, wenn zwischen den Beteiligten ein Verhältnis der Über- und Unterordnung gegeben ist, gehört der ganze Tarifvertrag klar dem Privatrecht an; vgl. auch *Hueck-Nipperdey*, Lehrbuch II, S. 344, Anm. 8. Vgl. zur Subjektionstheorie etwa *Forsthoff, Ernst*, Lehrbuch des Verwaltungsrechts, Bd. I, AT. 9. Aufl., München und Berlin 1966, § 6, 2 (S. 107); BGHZ 14, 227; BGH DöV 58, 862; RGZ 166, 226.
Das gleiche gilt bei einer Unterscheidung nach der (neueren) Subjektstheorie; vgl. hierzu *Wolff, Hans J.*, Verwaltungsrecht, Bd. I, 7. Aufl., München 1968, § 22 II c und d.
[46] Zum Inhalt des obligatorischen Teils vgl. *Hueck-Nipperdey-Stahlhacke*, TVG a.a.O., § 1, Rdn. 88 ff.
[47] Die Meinung, es handele sich bei den Koalitionen um öffentlich-rechtliche Verbände wird heute, soweit ersichtlich, nicht mehr vertreten. Vgl. zu dieser Ansicht etwa noch *Kaskel, Walter*, Arbeitsrecht, S. 20, Anm. 3.
Wohl aber werden sie meist als öffentliche Verbände bezeichnet; vgl. hierzu etwa *Lerche, Peter*, Verfassungsrechtliche Zentralfragen des Arbeitskampfes, Bad Homburg v. d. H., Berlin, Zürich 1968, S. 28 f. Dies ist m. E. gerechtfertigt — aber hierbei handelt es sich um eine Einstufung soziologischer und nicht juristischer Art. Juristisch gesehen handelt es sich satzungsmäßig um privatrechtliche Vereine; vgl. hierzu auch *Martens, Wolfgang*, Öffentlich als Rechtsbegriff, Bad Homburg v. d. H., Berlin, Zürich 1969, S. 160 ff.; vgl. auch *Ossenbühl, Fritz*, Der öffentliche Status der Gewerkschaften, NJW 1965, S. 1561 ff.
[48] Vgl. hierzu *Hueck-Nipperdey-Stahlhacke*, TVG, § 1, Rdn. 96.
[49] Zur Friedenspflicht vgl. ebenda § 1, Rdn. 97 ff. und die dort angeführte Literatur.
[50] Für eine Einordnung der Friedenspflicht in den öffentlich-rechtlichen Raum vgl. etwa *Müller, G.*, Friedenspflicht, DB 1959, S. 515 ff.

dieser Frage ist es jedoch erforderlich, genau zwischen Ursache und Wirkung zu unterscheiden. Zwar trägt die Friedenspflicht wesentlich dazu bei, daß die Öffentlichkeit die unliebsamen Auswirkungen von Arbeitskämpfen weniger oft zu spüren bekommt. Es ist in diesem Zusammenhang auch zu bedenken, daß durch Arbeitsniederlegung bzw. Aussperrungen nicht nur die unmittelbar beteiligten Betriebe betroffen sind, sondern auch die Zuliefer- und Abnehmerbetriebe, d. h. also, wegen der engen wirtschaftlichen Verflechtung sehr viel weitere Kreise.

Aber Inhalt und Aufgabe der Friedenspflicht bestehen nicht darin, dritte Personen vor den Folgen eines Arbeitskampfes zu schützen; Schutzobjekt ist vielmehr der Tarifvertrag selbst. „Der Bestand des Tarifvertrages soll geschützt werden[51]." Es sollen also durch die Friedenspflicht Bestand und Wirksamkeit einer Abmachung von Privaten geschützt werden.

Somit läßt sich folgern, daß auch die Friedenspflicht im privaten Interesse erfolgt und daher an der privatrechtlichen Natur des schuldrechtlichen Teils des Tarifvertrags nichts ändert.

II. Die Einordnung des normativen Teils des Tarifvertrags

Schwieriger zu beurteilen ist die Frage der Einordnung des normativen Teils eines Tarifvertrags. Die Autoren, die den normativen Teil dem öffentlichen Recht zuordnen, tun dies insbesondere unter Hinweis darauf, daß die Tarifparteien eine vom Staat verliehene Rechtsetzungsgewalt innehätten, die notwendigerweise öffentlich-rechtlicher Natur sein müsse[52]. Dem wird m. E. zu Recht entgegen gehalten, daß auch im Bereich des Privatrechts zwingende Rechtsnormen gesetzt würden; dies zeige sich am Beispiel der Vereinssatzung[53].

Noch aus einem weiteren Grund ist es m. E. nicht richtig, aus einer Rechtsetzungsbefugnis der Tarifparteien auf den öffentlich-rechtlichen Charakter des normativen Teils der Tarifverträge zu schließen.

Denn abgesehen davon, daß die Rechtssatzqualität der Tarifnorm nicht unbestritten ist[54], ist es meiner Meinung nach eher angebracht, den umgekehrten Weg zu beschreiten, nämlich erst nach den allgemeinen Regeln die Zugehörigkeit der Tarifverträge zum öffentlich-rechtlichen oder zum privat-rechtlichen Bereich festzustellen, um dann, weiter fortschreitend, zu versuchen, allgemein deren Wesen zu erklären.

---

[51] *Hueck-Nipperdey-Stahlhacke*, TVG, § 1, Rdn. 110.
[52] Vgl. die Literaturhinweise oben Anm. 16 ff.
[53] Vgl. etwa *Hueck-Nipperdey-Stahlhacke*, TVG, § 1, Rdn. 185.
[54] Vgl. hierzu die Ausführungen zum 2. Absch., 2. Kap., II A., wo ausführlich auf die neben den herrschenden Rechtssatztheorien vertretenen Meinungen eingegangen wird.

Zum Zwecke der Unterscheidung zwischen öffentlichem Recht und Privatrecht werden heute insbesondere drei Theorien vertreten[55], nämlich

(a) die Subjektionstheorie
(b) die (neuere) Subjektstheorie und
(c) die Interessentheorie.

Daß nach der Subjektionstheorie, die das Vorliegen eines öffentlich-rechtlichen Rechtsverhältnisses dann annimmt, wenn ein Über- und Unterordnungsverhältnis gegeben ist, der ganze Tarifvertrag dem Privatrecht angehört, wurde bereits gesagt[56,57]. Das gleiche gilt bei Anwendung der (neueren) Subjektstheorie; nach ihr ist öffentliches Recht „der Inbegriff derjenigen Rechtssätze, deren ... Zuordnungssubjekt ausschließlich ein Träger hoheitlicher Gewalt ist"[58]. An einem solchen fehlt es im Tarifrecht[57] ganz offensichtlich. Es bleibt noch die Frage der Zuordnung der Tarifverträge bei Anwendung der Interessentheorie[59]. Hiernach wäre entscheidend die Frage nach dem Überwiegen von individuellen oder von kollektiven Interessen.

Nun kann es keinen Zweifel geben, daß der Abschluß von Tarifverträgen den Interessen der Allgemeinheit entgegenkommt. Man denke nur daran, daß hierdurch ein ganz bedeutender Beitrag zur Ordnung der Arbeitswelt und zur Sicherung des Arbeitsfriedens geleistet wird. Dies genügt jedoch nicht, um eine öffentlich-rechtliche Regelung anzunehmen. „Es genügt auch für den Tatbestand des öffentlichen Rechts nicht, daß ein Gesamtinteresse an der Regelung besteht; ein solches ist bei jedem Rechtssatz gegeben, sonst wäre er ja gar nicht erlassen worden[60]."

Worauf es ankommt ist vielmehr die Gewichtung der Interessen in der Regelung selbst, also die Frage, ob in der Regelung die Interessen der Allgemeinheit höher bewertet werden als die beteiligten Individual-

---

[55] Vgl. hierzu oben Anm. 43 und 45.
[56] Vgl. oben Anm. 45.
[57] Eine gewisse Ausnahme scheint der Abschluß von Tarifverträgen mit einem Hoheitsträger als Arbeitgeber zu bilden. Die Frage löst sich jedoch zwangslos, da die öffentliche Hand in diesen Fällen eindeutig nicht als hoheitliche Gewalt, sondern als Fiskus auftritt; vgl. hierzu auch *Wolff*, H. J., Verwaltungsrecht, Bd. I, § 22 II c.
[58] Ebenda § 22 II c.
[59] Dazu, daß es durchaus zulässig und sogar empfehlenswert ist, in schwierigen Abgrenzungsfällen die Gesichtspunkte der einzelnen Theorien zu kombinieren, vgl. *Bachof*, Otto, Die Rechtsprechung des Bundesverwaltungsgerichts, JZ 1966, S. 562; *Soergel-Siebert*, BGB Bd. I, 9. Aufl., Stuttgart 1959, Einl., Rdn. 55; vgl. auch *Heidelbach*, Helmut, Die Unterscheidung zwischen privatem und öffentlichem Recht im Arbeitsrecht, Diss. jur. Marburg 1966, S. 17.
[60] *Nawiasky*, Hans, Allgemeine Rechtslehre, 2. Aufl., Einsiedeln, Zürich, Köln 1948, S. 294.

2. Kap.: Stellungnahme

interessen[61]. Wendet man diese Einsicht auf den Tarifvertrag an, so ergibt sich folgendes.

Im Tarifvertrag finden einander entgegengesetzte Gruppeninteressen[62, 63] ihren Ausgleich. Die Wahrung von Allgemeininteressen ist dabei sekundär; sie wird in der Praxis sehr oft sogar völlig außer acht gelassen. So pflegen sich die Tarifparteien keineswegs um Gruppeninteressen wie Konjunkturentwicklung und gesamtwirtschaftliche Stabilität zu kümmern, wenn es um die Wahrung ihrer Gruppeninteressen geht.

Es zeigt sich, daß auch nach der Interessentheorie die Tarifnormen sich einer Zuordnung zum öffentlichen Recht widersetzen. Somit bleibt nach allgemeiner Lehre nichts anderes übrig, als deren Einordnung ins Privatrecht. Und in der Tat lassen sich mit Hilfe der privatrechtlichen Theorien durchaus brauchbare Ergebnisse erzielen.

Dennoch vermag diese Erklärung nicht voll zu befriedigen.

Beim Tarifrecht handelt es sich — wie bei so vielen anderen Erscheinungen innerhalb unseres modernen Staatswesens — um ein Gruppenphänomen, zu dessen rechtlicher Erfassung die überkommnene Einteilung in öffentliches und privates Recht nicht mehr ausreicht.

Das Geschehen im Staat wird heute in weitem Umfang von gesellschaftlichen Gruppen bestimmt, deren Tätigkeit sich durch die traditionelle Zweiteilung nicht mehr adäquat juristisch erfassen läßt. Es wird deshalb seit langem gefordert[64], in Überwindung des Dualismus der Einteilung: Staat — Gesellschaft (oder Gruppe) — Einzelner[65] durch die Trias: öffentliches Recht — Gruppenrecht (oder Sozialrecht)[66, 67] —

---

[61] Vgl. *Nawiasky*, H., Allgemeine Rechtslehre, S. 294 f.
[62] Vgl. zu Gruppeninteressen etwa *Martens*, W., Öffentlich als Rechtsbegriff, S. 178; vgl. auch *Kaiser*, Joseph H., Die Repräsentation organisierter Interessen, Berlin 1956, etwa S. 246.
[63] Bzw. beim Firmentarif das Interesse eines Einzelnen (Unternehmer) und einer Gruppe (Gewerkschaft).
[64] So schon *Gierke*, Otto v., Deutsches Privatrecht, Bd. I, Leipzig 1895, S. 26 ff., 534 ff.
[65] Vgl. *Küchenhoff*, Günther, Kapitel: Dienstvertrag, in: *Erman*, W., Handkommentar zum BGB. Vor § 611, 4 c; vgl. ders., Einwirkungen des Verfassungsrechts auf das Arbeitsrecht, in: Festschrift für H. C. Nipperdey zum 70. Geburtstag, Bd. II, München und Berlin 1965, S. 317 ff. (331); vgl. auch *Schnorr*, Gerhard, Die für das Arbeitsrecht spezifischen Rechtsquellen, Wien 1969, S. 11 f.
[66] Über die Terminologie herrscht Uneinigkeit.
[67] Vgl. *van der Ven*, Josef, Die Überwindung der traditionellen Zweiteilung von öffentlichem und privatem Recht, besonders an Hand des Arbeitsrechts, in: Festschrift für H. C. Nipperdey zum 70. Geburtstag, S. 681 ff.; *Bullinger*, Martin, Öffentliches Recht und Privatrecht, Stuttgart, Berlin, Köln, Mainz 1968.

Privatrecht auch in juristischer Hinsicht gerecht zu werden. Das Tarifrecht wäre dann, wie wohl das gesamte Arbeitsrecht dem Zwischenbereich „Gruppenrecht" zuzuordnen.

Solange jedoch die Verwirklichung einer derartigen Neueinteilung nicht abzusehen ist, ist es unumgänglich, entsprechend der dualistischen Einteilung unserer Rechtsordnung, den Tarifvertrag dem privaten Recht zuzuordnen, um zu Ergebnissen zu gelangen, die den positivrechtlichen Gegebenheiten entsprechen.

Zweiter Abschnitt

Die rechtliche Natur des Tarifvertrags hinsichtlich der Art seiner Rechtserzeugung

1. Kapitel: Der obligatorische Teil als schuldrechtlicher Vertrag

Man unterscheidet beim Tarifvertrag zwischen einem obligatorischen Teil, der die Rechte und Pflichten der Tarifparteien regelt (§ 1 Abs. I, 1. Halbsatz TVG) und einem normativen Teil, der Rechtsnormen enthält, die den Inhalt, den Abschluß und die Beendigung von Arbeitsverhältnissen sowie betriebliche und betriebsverfassungsrechtliche Fragen ordnen können (§ 1 Abs. I, 2. Halbsatz TVG). Diese Zwiespältigkeit im Wesen des Tarifvertrags wird in der Literatur vielfach als dessen Doppelnatur bezeichnet[1]. Die ganz herrschende Meinung sieht im obligatorischen Teil einen schuldrechtlichen Vertrag[2]. Dem ist auch ohne weiteres zuzustimmen; deutet doch auch die gesetzliche Umschreibung in § 1 TVG „... regelt die Rechte und Pflichten der Tarifvertragsparteien" auf einen Schuldvertrag hin.

Da eine eigene Regelung des Tarifvertrags im Recht der Schuldverhältnisse nicht vorliegt, handelt es sich um einen unbenannten Vertrag; der Abschluß eines solchen Vertrages ist infolge des Grundsatzes der Vertragsfreiheit jederzeit möglich.

2. Kapitel: Der normative Teil

I. Problemstellung

Einer der Angelpunkte zum Verständnis des Tarifrechts ist die Erklärung der normativen Wirkung des Tarifvertrags. Gerade diese Kernfrage war von jeher und ist gerade in jüngster Zeit wieder lebhaft umstritten. Die Schwierigkeit liegt hierbei in der rechtstheoretischen Einordnung des normativen Teils; insbesondere in der Erklärung seiner unabdingbaren Wirkung und seiner Art der Rechtserzeugung[3].

---

[1] Vgl. etwa *Hueck-Nipperdey*, Lehrbuch II, S. 344, Anm. 8 a; abweichend *Nikisch*, Arbeitsrecht, S. 218.
[2] Vgl. statt vieler für die ältere Literatur: *Sinzheimer*, H., Grundzüge, S. 264; vgl. *Hueck-Nipperdey*, Lehrbuch II, S. 344.
[3] Vgl. hierzu *Rehbinder*, M., Rechtsnatur, JR 1968, S. 167 ff.

In der Literatur lassen sich drei große Gruppen von Autoren unterscheiden. Da ist einmal der Versuch, auch den normativen Teil des Tarifvertrags als Rechtsgeschäft zu deuten. Als Hauptvertreter dieser Richtung können *Jacobi*[4], *Ramm*[5] und *Bötticher*[6] gelten. Verneint wird die Rechtssatzqualität der Tarifnormen auch von den Verfassern des „Bonner Gutachtens"[7], von *Dürig*[8] und von E. R. *Huber*[9].

Gegen die Auffassung vom Tarifvertrag als reines Rechtsgeschäft wendet sich ein zweiter Lösungsversuch, der im unmittelbaren und unabdingbaren Teil des Tarifvertrags einen Akt echter Rechtsetzung sieht und als herrschende Meinung bezeichnet werden kann. Diese Ansicht kann sich auf den klaren Wortlaut des TVG stützen. Andererseits blieb die Schwierigkeit, zu erklären, woher diese Normgebung ihre Legitimation bezieht, fehlt es doch beim Abschluß eines Tarifvertrags an der unmittelbaren Mitwirkung der staatlichen Normsetzungs-Gewalt.

Innerhalb der besagten Meinung lassen sich wieder zwei verschiedene Lösungsversuche unterscheiden. Die h. M. steht auf dem Standpunkt, der Tarifvertrag enthalte Rechtsnormen kraft abgeleiteten Rechts, die Tarifvertrags-Parteien bezögen ihre Legitimation zur Rechtsetzung aus staatlicher Delegation[10]. Eine andere Gruppe von Autoren[11] deutet den normativen Teil des Tarifvertrags als Rechtsetzungsakt kraft eigenen Rechts. Für sie beruht der Tarifvertrag auf Rechtsschöpfung aus einer Tarifautonomie, die als ursprüngliche Rechtsetzungsmacht verstanden wird; das TVG habe dann eine „ausgestaltende und ab-

---

[4] Vgl. *Jacobi*, E., Grundlehren, S. 246 ff.
[5] Vgl. *Ramm*, Th., Parteien; ders., Rechtsnatur, JZ 1962, S. 78 ff.; ders., Rechtsprechung, JZ 1964, S. 546 ff.
[6] Vgl. *Bötticher*, E., Gestaltungsrecht, S. 18 ff. Obgleich Bötticher hier unter die Vertreter der rechtsgeschäftlichen Theorien eingeordnet ist, wird nicht verkannt, daß sein Erklärungsversuch hypothetischer Natur ist, denn er anerkennt die Festsetzung des Normencharakters durch das TVG und will darstellen, wie der Tarifvertrag auch „hätte erklärt werden können" (ebenda S. 19).
[7] Vgl. *Schmidt-Rimpler*, Walter, Paul *Gieseke*, Ernst *Friesenhahn* und Alexander *Knur*, Die Lohngleichheit von Männern und Frauen (Rechtsgutachten des Instituts für Handels- und Wirtschaftsrecht an der Universität Bonn vom 23. Mai 1950), AöR Bd. 76, S. 165 ff. (179 f.).
[8] Vgl. *Dürig*, Günther, in: Maunz-Dürig-Herzog, GG-Kommentar, München 1971, Art. 1 III, Rdn. 115 f.
[9] Vgl. *Huber*, E. R., Wirtschaftsverwaltungsrecht, 1. Aufl., Tübingen 1932, S. 126 ff.
[10] Vgl. BAG vom 15. 1. 1955, BAGE 1, 262 = BAG AP Nr. 4 zu Art. 3 GG; BAG AP Nr. 16 zu Art. 3 GG; BAG AP Nr. 18 zu Art. 3 GG. Für die Literatur vgl. statt vieler *Hueck-Nipperdey*, Lehrbuch II, § 18 III (S. 346 ff.) und die dort zitierten Autoren.
[11] Vgl. die Anmerkung von *Molitor*, Erich, zu BAG vom 23. 3. 1957 in AR-Blattei: Tarifvertrag I B Entsch. 1, insbes. 2. Forts. Blatt; *Herschel*, W., Allgemeinverbindlicherklärung, S. 230 f.; vgl. auch *Feistel*, K., Zulässigkeit, S. 57 ff.; *Galperin*, Hans, Die autonome Rechtsetzung im Arbeitsrecht, Festschrift für Erich Molitor, München und Berlin 1962, S. 143 ff. (insbes. 153 ff.).

sichernde Funktion der aus dem gesellschaftlichen Bereich originär erwachsenen Tarifautonomie"[12].

Ein dritter Lösungsversuch neben den rechtsgeschäftlichen und den Rechtssatz-Theorien schließlich deutet den Tarifvertrag als rechtsgeschäftliche Norm[13]. Grundlage hierfür ist die Ansicht, daß als Quellen des positiven Rechts nicht nur das gesetzte Recht (Gesetz, Rechtsverordnung, Satzung) und Gewohnheitsrecht in Frage kommen, sondern daß Normen auch durch Rechtsgeschäft entstehen können[14]. Es handle sich bei den Tarifnormen nicht um „staatliche Rechtsetzung kraft Delegation, sondern um eine private Rechtsetzung im Rahmen einer staatlich eingeräumten Privatautonomie"[15].

II. Die zur rechtlichen Natur des Tarifvertrags vertretenen Lösungen im einzelnen

A. Die rein rechtsgeschäftlichen Theorien

Im folgenden wird nun näher auf die oben kurz angedeuteten Lösungsversuche einzugehen sein. Wenn wir uns zunächst den rein rechtsgeschäftlichen Theorien zuwenden, so sei als erstes die Meinung von Erwin Jacobi[16] genannt.

1. Die Erklärung des Tarifvertrags als kollektiven Schuldvertrag

a) Darstellung

Jacobi erklärt die unabdingbare Wirkung der Tarifverträge mit Hilfe der Rechtsfigur des *kollektiven Schuldvertrages*, die er als neue Art des Schuldvertrages neben den *individuellen Schuldvertrag* stellt[17]. Der kollektive Schuldvertrag regelt die allgemeinen Vertragsbedingungen — die bei Jacobi keinen Normencharakter haben — für die schuldrechtlichen Einzelverträge, also die Arbeitsverträge[18], und sei somit nichts anderes als ein Vertrag des bürgerlichen Rechts — ähnlich etwa einem Gesellschaftsvertrag, der eine Regelungsvereinbarung enthalte[19]. Ihre Legitimation zur vertraglichen Festlegung von solchen „allgemeinen Vertragsbedingungen" nehmen die Tarifparteien aus dem Umstand, daß der einzelne Arbeitgeber oder Arbeitnehmer seinen Willen, sich den im Tarifvertrag festgelegten allgemeinen Arbeits-

---
12 *Feistel*, K., Zulässigkeit, S. 62.
13 Vgl. die Literaturangaben unten Anm. 68.
14 Vgl. *Rehbinder*, M., Rechtsnatur, JR 1968, S. 170.
15 Ebenda, S. 171.
16 Vgl. hierzu *Jacobi*, E., Grundlehren, S. 272 ff.
17 Vgl. ebenda, S. 284.
18 Vgl. ebenda, S. 277.
19 Vgl. *Jacobi*, E., Grundlehren, S. 276.

bedingungen unterzuordnen, durch seinen Beitritt zur entsprechenden Organisation kundgetan habe[20]. „Er findet insofern in dem, was der Verband für ihn vereinbart, seinen eigenen Willen wieder[21]."

Die gesetzliche Festlegung der Unabdingbarkeit der allgemeinen Arbeitsbedingungen bedeutet dann nichts weiter, als daß der Kollektivwille gegenüber dem Willen des einzelnen im Konfliktsfall den Vorrang erhalte[22].

b) Kritik und Ablehnung

Kritisch ist zu der umfassenden Stellungnahme *Jacobis* anzumerken, daß er mit seiner Ablehnung des Normencharakters der Tarifverträge außerhalb der heutigen gesetzlichen Regelung steht, denn das Tarifvertragsgesetz spricht ganz klar aus, daß der Tarifvertrag Rechtsnormen enthält (§§ 1 Abs. I, 4. Abs. I und V TVG).

Andererseits aber verdient der Aspekt der Unterwerfung unter den Verbandswillen durch Beitritt, der für *Jacobi* letztlich Geltungsgrundlage ist, Beachtung. Insbesondere die heute herrschenden Rechtssatztheorien neigen sehr dazu, diesen Gedanken, in dem doch ein beachtlicher Erklärungswert steckt, völlig zu vernachlässigen und als Geltungsgrund allein eine Rechtsetzungsbefugnis der Koalitionen anzunehmen. Es wird jedoch auf den Gedanken der Unterwerfung durch Beitritt, auf den eindringlich hingewiesen zu haben *Jacobis* bleibender Verdienst ist, noch zurückzukommen sein.

2. Die Erklärung des Tarifvertrags mit Hilfe der Vertretungstheorie

a) Darstellung am Beispiel der Ansicht Ramms

Ein weiterer Lösungsversuch des Tarifvertrages kommt von Thilo *Ramm* im Rahmen seiner sog. *Differenzierungstheorie*[23]. Auch er verneint — wie *Jacobi* —, daß die unmittelbaren und zwingenden Bestimmungen des Tarifvertrags Normencharakter hätten; die ausdrückliche Anerkennung dieser Eigenschaft durch das Tarifvertragsgesetz hält er für irrelevant.

Der Gesetzgeber sei vielmehr zur Klärung dieser Frage inkompetent; dies ist nach Ansicht *Ramms* nämlich ausschließlich Sache der Wissenschaft[24]. Aufgabe des Gesetzgebers hingegen sei die rechtliche Verarbeitung sozialer Phänomene. Deren wissenschaftliche Einordnung jedoch

---

[20] Vgl. ebenda, S. 273.
[21] Ebenda, S. 273.
[22] Vgl. ebenda, S. 276.
[23] Vgl. *Ramm*, Th., Parteien, insbes. S. 69 ff.; ders., Rechtsnatur, JZ 1962, S. 78 ff.
[24] Vgl. ders., Rechtsnatur, JZ 1962, S. 80 f.

falle dann in die ausschließliche Zuständigkeit der Lehre, die „bei Zuständigkeitsüberschreitungen ebenso wenig dem Gesetzgeber zu folgen gehalten ist, wie wenn dieser in einem Gesetz eine Eule als Säugetier oder das Newtonsche Gravitationsgesetz als Teil der ‚Goldenen Bulle' bezeichnet"[25].

Grundlegend für die Auffassung Ramms vom Wesen des Tarifvertrags ist ferner die getrennte Betrachtung von Arbeitgebern und Arbeitnehmern sowie deren Verbänden. Aus der Tatsache, daß die sozialen Verhältnisse bei Arbeitgebern und Arbeitnehmern grundlegend verschieden seien, folge deren unterschiedliche rechtliche Behandlung. Da der einzelne Arbeitnehmer dem einzelnen Arbeitgeber grundsätzlich an Macht unterlegen sei, ergebe sich für ihn ein von der Rechtsordnung anerkanntes Schutzbedürfnis. Als dessen Ausfluß hätten die Gewerkschaften einen „sozialen Schutzauftrag, der sich verfassungsrechtlich auf das Sozialstaatsprinzip (Art. 20, 28 GG) zurückführen läßt"[26].

Aus dem „sozialen Schutzauftrag" der Gewerkschaften folgert Ramm eine „sozialrechtliche Vertretungsmacht" der Arbeitnehmer-Vereinigungen für ihre Mitglieder, ähnlich der Rechtsfigur der gesetzlichen Vertretung des beschränkt Geschäftsfähigen (§ 107 BGB)[27].

Als Folge der „sozialrechtlichen Vertretungsmacht" der Gewerkschaften werde die Vertragsfreiheit für den einzelnen Arbeitnehmer teilweise (Ausnahme: für den Arbeitnehmer günstigere Abmachungen) und auf Zeit eingeschränkt[28] und durch die Gewerkschaften wahrgenommen.

Ebensowenig wie ein durch den gesetzlichen Vertreter für einen beschränkt Geschäftsfähigen abgeschlossener Vertrag sei der von den Gewerkschaften in Ausübung ihrer sozialen Vormundschaft abgeschlossene Tarifvertrag eine Rechtsnorm[29].

Anders sei die Lage dagegen bei den Arbeitgebern. Der Arbeitgeber bedürfe wegen seiner grundsätzlichen machtpolitischen Überlegenheit über den einzelnen Arbeitnehmer nicht des Schutzes; dies sei auch gesetzlich anerkannt[30]. Es gebe infolgedessen keine „sozialrechtliche Vertretungsmacht" der Arbeitgeber-Organisationen für die von ihnen Vertretenen. Partei sei vielmehr der einzelne Arbeitgeber, vertreten durch seinen Verband entspr. §§ 164 ff. BGB, zusätzlich aber wegen

---

[25] Ebenda, S. 81.
[26] *Ramm*, Th., Rechtsnatur, JZ 1962, S. 82.
[27] Vgl. *Ramm*, Th., Rechtsnatur, JZ 1962, S. 82; ders., Parteien, S. 90.
[28] Vgl. ders., Rechtsnatur, JZ 1962, S. 82.
[29] Vgl. ders., Parteien, S. 91.
[30] Vgl. ders., Rechtsnatur, S. 82.

§§ 2 Abs. I, 4 Abs. IV Satz I TVG und Rückschluß aus § 2 Abs. III und IV TVG der Arbeitgeber-Verband[31, 32].

Ramm hält also für die Arbeitgeberseite die Kombinations- oder Kumulationstheorie für zutreffend, während für die Arbeitnehmerseite die Verbandstheorie gelten müsse, da der Wille des einzelnen ja im Rahmen der „sozialrechtlichen Vertretungsmacht" durch die Gewerkschaft wahrgenommen werde *(Differenzierungstheorie)*.

b) *Kritik und Ablehnung*

Eine so tiefgreifende Kritik[33] der herrschenden Meinung wie die durch Thilo *Ramm* ist natürlich auch gewichtigen Einwänden ausgesetzt[34].

Wenn *Ramm* im Rahmen seiner Differenzierungstheorie neben dem Verband auch den einzelnen Arbeitgeber Partei des Tarifvertrags sein läßt, so scheint dies zunächst im Einklang mit der gesetzlichen Regelung zu stehen, denn gem. § 2 Abs. I TVG können als Parteien des Tarifvertrags Gewerkschaften, einzelne Arbeitgeber und Vereinigungen von Arbeitgebern in Frage kommen. Wenn aber § 2 Abs. I TVG den einzelnen Arbeitgeber als Tarifpartei zuläßt, so kann damit nur der Fall des Firmentarifs gemeint sein, bei dem freilich bezüglich der Parteistellung des einzelnen Arbeitgebers kein Zweifel bestehen kann; nicht aber ist hierin eine gesetzliche Bestätigung der Kombinationstheorie zu sehen. Dies folgt aus der Regelung für Spitzenverbände in § 2 Abs. II, III, IV TVG. Gem. § 2 Abs. III TVG sind Spitzenverbände tariffähig, „wenn der Abschluß von Tarifverträgen zu ihren satzungsmäßigen Aufgaben gehört". § 2 Abs. II TVG räumt ihnen aber auch die Möglichkeit ein, bei Vorliegen einer entsprechenden Vollmacht im Namen der angeschlossenen Verbände Tarifverträge abzuschließen.

---

[31] Vgl. ebenda, S. 82.
[32] Für die Vertretungstheorie bezüglich der Arbeitnehmer vgl. *Radke*, Olaf, Rechtsbeziehungen zwischen einer Tarifvertragspartei und den Mitgliedern der gegnerischen Tarifvertragsparteien, ArbuR 1956, S. 273 ff.; ders. Nochmals: Rechtsbeziehungen zwischen einer Tarifvertragspartei und den Mitgliedern der gegnerischen Tarifvertragspartei, ArbuR 1957, S. 257 ff.; zur Vertretungstheorie vgl. für das österreichische Recht auch *Tomandl*, Theodor, Der Kollektivvertrag — doch ein Instrument des Privatrechts, ZAS 1969, S. 161 ff., 206 ff. (168 ff.); für die Verbandstheorie vgl. neuerdings *Nipperdey-Säcker*, Das Zustandekommen des Tarifvertrags, ArbRBl. TV II B, 1970.
[33] Vgl. etwa *Wiethölter*, Rudolf, Rechtswissenschaft, Frankfurt 1968, der auf S. 289 *Ramm* als einen „der schärfsten, scharfsinnigsten und konsequentesten Kritiker der Rechtsprechung unseres Bundesarbeitsgerichts" bezeichnet.
[34] Zur Kritik an *Ramm* vgl. etwa *Zöllner*, Wolfgang, Das Wesen der Tarifnormen, RdA 1964, S. 443 ff.; *Nikisch*, Arthur, Buchbesprechungen, RdA 1962, S. 39 f.; auch *Gamillscheg*, Franz, *Nipperdey* und sein Kritiker, JZ 1965, S. 47 ff.; vgl. eingehend *Valerius*, Hans, Die Parteien des Tarifvertrags, Diss. jur. Köln 1968, S. 59 ff.

Dieser Fall ist also als Ausnahme von der Regel des Verbandstarifs vom Gesetzgeber eigens hervorgehoben. Ein Rückschluß von der Ausnahme auf die Regel, wie *Ramm* ihn zieht[35], — hier also von der Möglichkeit der Spitzenverbände, auch im Wege der Stellvertretung Tarifverträge abzuschließen, auf den Abschluß durch eine Arbeitgeber-Vereinigung im allgemeinen — ist aber grundsätzlich unzulässig.

Somit steht die Kombinationstheorie nicht auf dem Boden des Gesetzes. Die Parteien handeln vielmehr entsprechend der Verbandstheorie nicht im Namen ihrer Mitglieder, sondern im eigenen Namen[36]. Was nun die Arbeitnehmer betrifft, so bejaht *Ramm* für sie die Verbandstheorie[37], konstruiert aber eine „sozialrechtliche Vertretungsmacht" der Arbeitnehmer-Vereinigungen für ihre Mitglieder, die auf dem „sozialen Schutzauftrag" der Gewerkschaften basieren soll.

Selbst wenn man nun einen derartigen — wie auch immer im einzelnen gearteten — sozialen Schutzauftrag der Gewerkschaften gegenüber der Arbeitnehmerschaft anerkennt, so ist doch die Annahme einer solchen Art von gesetzlicher Vertretung durch die Arbeitnehmer-Vereinigungen, wie *Ramm* sie macht, viel zu weitgehend. Man muß sich vor Augen halten, daß dies einer Entmündigung der Arbeitnehmer in einem eminent wichtigen Lebensbereich gleichkommen würde. Allein die Anerkennung der Schutzbedürftigkeit rechtfertigt nicht eine so einschneidende Maßnahme. Entmündigung stellt doch immer — als sehr schwerwiegender Eingriff in die persönlichen Rechte des Betroffenen — das allerletzte Mittel dar, das grundsätzlich nur dann Anwendung finden kann, wenn keine anderen, weniger gravierenden Möglichkeiten zur Verfügung stehen.

Als weitaus weniger einschneidend bietet sich aber für den Arbeitnehmer die Solidarisierung mit seinen Kollegen an — und dies ist von jeher die Idee der gewerkschaftlichen Bewegung gewesen, durch Zusammenschluß das Minus an Macht, das der einzelne Arbeitnehmer dem einzelnen Arbeitgeber gegenüber hatte und meist auch heute noch hat[38], auszugleichen.

Der Schutz des Arbeitnehmers erfordert also keineswegs eine Konstruktion, der zufolge er sich durch seinen Beitritt zur Gewerkschaft gleichsam selbst entmündigen würde.

---

[35] Vgl. oben Anm. 31.
[36] So auch die herrschende Meinung.
[37] Vgl. oben Anm. 30.
[38] Es darf jedoch nicht übersehen werden, daß die Machtposition auch des einzelnen Arbeitnehmers dank der wirtschaftlichen Entwicklung (Mangel an Arbeitskräften) ganz entscheidend verstärkt wurde, so daß m. E. gegenwärtig nur mit Einschränkungen von seiner generellen Unterlegenheit ausgegangen werden kann. Ein Blick in die Praxis des Berufslebens wird dies bestätigen.

Ein weiterer Einwand gegen *Ramms* Theorie ergibt sich daraus, daß *Ramm* die eindeutige gesetzliche Regelung einfach als inkompetent zur Seite schiebt. Dem kann nicht gefolgt werden. Der Gesetzgeber hatte hier zur Regelung des menschlichen Zusammenlebens eine Frage aus dem sozialen Bereich zu entscheiden. Dier hierbei getroffene Feststellung kann aber Gültigkeit beanspruchen und ist nicht einfach ignorierbar.

3. Die Erklärung des Tarifvertrags mit Hilfe des § 317 BGB

a) Darstellung der Lehre von Bötticher

Noch eine Theorie ist im Rahmen der rechtsgeschäftlichen Erklärungsversuche des Tarifvertrags zu nennen, nämlich die von Eduard *Bötticher*[39, 40]. *Bötticher* vergleicht das Wesen des Tarifvertrags mit der Rechtsfigur der Bestimmung des Vertragsinhalts durch einen Dritten gem. § 317 BGB. Der Dritte seien hierbei die vertragsschließenden Tarifparteien, die sich auf einen bestimmten Vertragsinhalt geeinigt hätten und nun „ ,wie ein Mann' hinter ihrem Werk als einem ,Gesamtakt' "[41] stünden. Durch ihren Beitritt zu einem Tarifverband hätten sich die einzelnen Arbeitgeber und Arbeitnehmer der Leistungsbestimmung durch die Verbände in Form des Tarifvertrags unterworfen[42]. Es handle sich dabei um die „Unterwerfung unter ein ,Dauergestaltungsrecht' ... mit einander ablösenden Leistungsbestimmungen durch Tarifverträge"[43]. Um die Schwierigkeit der Erklärung der unabdingbaren Wirkung der Tarifnormen kommt jedoch auch *Bötticher* nicht herum. Denn es muß ja den Parteien eines Vertrages, dessen Inhalt durch einen Dritten bestimmt ist, möglich bleiben, in gegenseitigem Einverständnis von dieser Regelung abzuweichen[44]. *Bötticher* will diesen Einwand dadurch umgehen, daß er dem durch einen Dritten bestimmten Vertragsinhalt dann Unabdingbarkeit zumißt, wenn der Dritte — im Fall der Tarifnormen also die Tarifvertrags-Parteien — ein eigenes Interesse an der Regelung hat[45].

Es entspreche einem „echten Gestaltungsrecht des Dritten", wenn es „bei der herbeigeführten Gestaltung auch verbleiben muß, falls nicht zugleich der Dritte zustimmt"[46].

---
[39] Vgl. *Bötticher*, E., Gestaltungsrecht, S. 18 ff.
[40] Darauf, daß Böttichers Erklärungsversuch nur als hypothetisch gedacht ist, wurde bereits hingewiesen, vgl. oben Anm. 6.
[41] *Bötticher*, E., Gestaltungsrecht, S. 20.
[42] Vgl. ebenda, S. 20.
[43] Ebenda, S. 20 f.
[44] Vgl. hierzu auch *Zöllner*, Wolfgang, Die Rechtsnatur der Tarifnormen, nach deutschem Recht, Wien 1966, S. 11.
[45] Vgl. *Bötticher*, E., Gestaltungsrecht, S. 24.
[46] Ebenda, S. 24.

b) Kritik und Ablehnung

Kritisch ist zur Lehre *Bötticher*s von der Charakterisierung des Tarifvertrags als Gestaltungsrecht entspr. § 317 BGB zu sagen[47], daß ungeklärt bleibt, wie die den Parteien des Arbeitsvertrags mögliche Abweichung vom Tarifvertrag zugunsten des Arbeitnehmers (Günstigkeitsprinzip des § 4 Abs. III TVG) in diese Theorie eingefügt werden kann. Die von *Bötticher* gemachte Voraussetzung, daß das Vorliegen eines eigenen Interesses des Dritten die Unabdingbarkeit der Regelung zur Folge habe — und die durchaus fraglich erscheint — macht es schwer, dem Güstigkeitsprinzip seinen Platz einzuräumen. Jedenfalls wird doch durch diesen Grundsatz gegen die Interessen einer der beiden Gruppen, die zusammen den „Dritten" i. S. des § 317 BGB bilden — nämlich der Arbeitgeber-Vertretung — verstoßen. Es bleibt hier nur der Rückgriff auf die gesetzliche Regelung, der jedoch nicht systemkonform ist. Aber auch die zentrale Prämisse in *Bötticher*s Theorie, die Begründung der Unabdingbarkeit mit Hilfe des eigenen Interesses des „Dritten" an der Rechtsgestaltung, unterliegt berechtigten Zweifeln. Der übereinstimmende Wille der Vertragsschließenden kann doch wohl kaum dem bloßen Interesse des Dritten im Konfliktsfall untergeordnet sein. Schließlich sind die Parteien des (Arbeits)-Vertrages doch die eigentlich Beteiligten, der Dritte ist nur eine Hilfsfigur. M. E. kann aber die Vertragsfreiheit nicht geringer bewertet werden als das Interesse eines am Vertragsschluß nur hilfsweise beteiligten Dritten, auf dessen Mitwirken ja beim Vorliegen von übereinstimmenden Willenserklärungen der Einzel-Vertragsparteien ohne weiteres verzichtet werden kann.

Die Konstruktion von *Bötticher* vermag also die zentrale Frage nach der Begründung der unmittelbaren und unabdingbaren Wirkung der Tarifnormen nicht hinreichend zu klären. Es kann ihr aus diesem Grund nicht gefolgt werden.

Nachdem sich also gezeigt hat, daß keine der rein rechtsgeschäftlichen Theorien zu befriedigen vermag, wenden wir uns im folgenden den Rechtssatztheorien zu.

B. Die Rechtssatztheorien

1. Der Stand der Meinungen

Im Gegensatz zu den oben dargelegten rechtsgeschäftlichen Theorien geht die h. M. davon aus, daß der obligatorische Teil des Tarifvertrags

---

[47] Zur Kritik an Bötticher vgl. etwa *Zöllner*, W., Rechtsnatur, S. 11 f.; desgl. *Mayer-Maly*, Theo, Zur arbeitsrechtlichen Bedeutung der Lehre vom Gestaltungsrecht, RdA 1965, S. 361 ff.; *Valerius*, H., Parteien, S. 86 ff.

echte Rechtsnormen, d. h. Gesetze im materiellen Sinn[48] enthalte. Sie befindet sich dabei im Einklang mit der gesetzlichen Regelung in § 1 TVG. Die Frage nach der Herkunft dieser Rechtsetzungsbefugnis wird jedoch auch innerhalb der h. M. unterschiedlich beantwortet.

Während ein Teil der Lehre und die Rechtsprechung davon ausgehen, daß es sich um eine vom Staat delegierte Rechtsetzungsbefugnis handle, nehmen andere Autoren eine originäre Normgebungsbefugnis an.

a) Die Tarifnormen als Ergebnis originärer Normsetzungsbefugnis

aa) Darstellung dieser Lehre

Zunächst zur Lehre von der originären Normgebungsbefugnis der Tarifparteien[49]. Nach dieser Meinung handelt es sich bei den Tarifnormen um originär gesetzte Rechtsnormen kraft der den Verbänden innewohnenden Autonomie. In § 1 TVG werde dann lediglich diese bereits vorher vorhandene Befugnis zur Regelung der eigenen Angelegenheiten sanktioniert.

Daß die Befugnis zur Rechtsetzung den Tarifverbänden nicht vom Staat verliehen sei, ergebe sich schon aus der geschichtlichen Entwicklung. Tatsächlich wurden die ersten Gewerkschaften ja nicht vom Staat bzw. auf staatliche Anregung hin geschaffen; im Gegenteil, zu Anfang der Tarifbewegung mußten sie erbittert gegen den staatlichen Widerstand ankämpfen. Ihre Anerkennung durch den Staat mußten sie sich in jahrelangen Auseinandersetzungen ertrotzen.

Gleichwohl wurden in dieser Zeit schon — gegen den Willen des Staates — Tarifverträge geschlossen[50].

Hieraus, so wird behauptet, werde deutlich, daß die tarifliche Rechtsetzungsbefugnis nichts vom Staat Verliehenes, sondern etwas Vor-Staatliches, etwa Außer-Staatliches, originär Vorhandenes sei.

Weiterhin wird als Argument für eine originäre Tarifmacht der Verbände angeführt, daß es auch nach Einführung der TarifVO im

---
[48] Vgl. etwa *Hueck-Nipperdey*, Lehrbuch II, S. 350.
[49] Vgl. hierzu die Literaturangaben oben Anm. 11; vgl. außerdem *Herschel, Wilhelm*, Sinn und Grenzen der Vereinbarungsbefugnis der Tarifvertragsparteien, Referat vor dem 46. deutschen Juristentag, in: Verhandlungen des 46. deutschen Juristentages in Essen 1966, München und Berlin 1967, Teil D (insbes. D 16).
[50] Vgl. hierzu *Zöllner, W.*, Rechtsnatur, S. 14; *Feistel, K.*, Zulässigkeit, S. 30 f.; *Brecher, Fritz*, spricht in Grundrechte im Betrieb — Festschrift für H. C. Nipperdey zum 70. Geburtstag, Bd. II, S. 29 ff. — von einer „Reduzierung" der staatlichen Souveränität „von unten her und vom Kollektiven her, die durch alle Delegationstheorien nur dürftig verschleiert wird". (Ebenda, S. 32.)

Jahre 1918 für Tarifverträge zeitweise keine gesetzliche Grundlage gegeben habe. Trotzdem seien während dieser Zeit Tarifverträge abgeschlossen worden, an deren Gültigkeit niemand zweifle[51].

Als weiterer Anhaltspunkt für die Richtigkeit ihrer Meinung wird von den Anhängern der Theorie von der originären Rechtsetzungsmacht der Verbände angeführt, daß es dem Typ des pluralistischen Staates, dem die Bundesrepublik Deutschland angehöre, nicht entspräche, wenn die Tarifpartner gewissermaßen nur als Helfer des Staates auftreten würden[52]. Vielmehr seien die Koalitionen von sich aus, aus ursprünglich eigenem Recht zur Regelung ihrer eigenen Angelegenheiten berufen.

bb) Ablehnung

Der Ansicht von der originären tariflichen Rechtsetzungsbefugnis der Koalitionen kann nicht gefolgt werden. Zwar ist es richtig, daß die Tarifverträge ursprünglich ohne staatliches Zutun entstanden sind. Aber diese Tarifverträge alten Typs, also die vor der TarifVO erlassenen, krankten ja gerade daran, daß sich ohne Hilfe des Gesetzgebers eine unmittelbare und zwingende Wirkung nicht erreichen ließ. Sie können deshalb nicht zur Erklärung der Rechtsnatur der heutigen Tarifnormen herangezogen werden.

Im modernen Rechtsstaat kann vielmehr eine außerstaatliche, ja vorstaatliche Rechtsetzungsgewalt grundsätzlich nicht anerkannt werden. Vielmehr ist die Schöpfung von staatlichem Recht, das vor staatlichen Gerichten Gültigkeit haben soll, durch außerstaatliche Stellen heute nur denkbar bei entsprechender staatlicher Autorisierung[53].

b) *Die Tarifnormen als Ergebnis delegierter staatlicher Normsetzungsbefugnis*

Nach der herrschenden Delegationstheorie handelt es sich beim Tarifvertrag um einen rechtsverbindlichen, zweiseitigen, korporativen Normenvertrag[54], also einen Vertrag, in dem von den Parteien der Inhalt anderer Verträge festgelegt wird[55].

---

[51] Vgl. *Herschel*, W., AVE, S. 131.
[52] Vgl. *Feistel*, K., Zulässigkeit, S. 36 f.
[53] Vgl. hierzu *Küchenhoff*, Günther, Freiheit und Verantwortung — Grenzen der Tarifautonomie, Festvortrag anläßlich der Eröffnung des Arbeitsrechtlichen Seminars im Rahmen des „Sozialen Seminars im Haus der Begegnung" in Köln am 23. Okt. 1963 (Sonderdruck), S. 9; gegen originäre Normgebung auch BAG AP Nr. 16 zu Art. 3 GG.
[54] Vgl. *Hueck-Nipperdey*, Lehrbuch II, S. 345.
[55] Zum Begriff des Normenvertrags vgl. grundlegend *Hueck*, Alfred, Normenverträge, in: IherJB, Jena 1923, S. 33 ff.

Es handle sich bei den Tarifnormen um objektives Recht, das von den Koalitionen für ihre Mitglieder kraft verfassungsmäßig oder gesetzlich verliehener Autonomie gesetzt werde[56].

Die Verbände setzen also kraft ihrer vom Staat delegierten Autonomie „Gesetze im materiellen Sinn"[57]. Somit wäre also die Autonomie der Tarifverbände nicht etwas gewissermaßen von unten nach oben Gewachsenes, oder anders ausgedrückt, Reduzierung der staatlichen Souveränität von unten her[58], sondern von oben, vom Staat her verliehen.

Dementsprechend enthält dann die im Wege staatlicher Delegation von den Koalitionen vorgenommene Rechtsetzung staatliches Recht, gesetzt jedoch statt von staatlichen Organen von privaten Verbänden.

Die Delegationstheorie beantwortet die Frage, wie es möglich sei, daß die Tarifverbände für Dritte, nämlich die Mitglieder, unabdingbar und unmittelbar gültige Verträge abschließen können, dahingehend, daß der Staat einen Teil seiner Rechtsetzungsmacht an die Verbände delegiert habe. Diese seien also vom Staat ermächtigt, für ihn Recht zu setzen — es handle sich also letztlich um staatliches Recht, wenn auch von nicht-staatlichen Stellen erlassen. Begründet wird diese Ansicht mit dem Wesen der Autonomie, die, obwohl sie originäre Züge trage, aus staatlicher Privilegierung abzuleiten sei[59]. Obwohl die Delegationstheorie seit langem als herrschend anzusehen ist, bietet sie auch Ansatzpunkte zur Kritik.

So folgert etwa *Dürig*[60] aus dem Fehlen der Staatsaufsicht vom öffentlich-rechtlichen Standpunkt aus schlechterdings die Unhaltbarkeit der Delegationstheorie.

Laut herrschender Lehre sei die den Tarifvertrags-Parteien übertragene Rechtsetzungsbefugnis hoheitlicher Natur. Die Koalitionen übten also „bei der Betätigung der ihnen übertragenen Normsetzungsbefugnisse hoheitliche und öffentlich-rechtliche Kompetenzen"[61] aus. Hierzu sei jedoch unerläßliche Voraussetzung, daß die Normsetzung entweder von vornherein im öffentlichen Interesse erfolge, oder aber jedenfalls der Staatsaufsicht unterliege[62]. Da keine dieser beiden Voraus-

---

[56] Vgl. etwa *Hueck-Nipperdey*, Lehrbuch II, S. 346 ff.; BAG AP Nr. 4 zu Art. 3 GG.
[57] *Hueck-Nipperdey*, Lehrbuch II, S. 350.
[58] Vgl. *Brecher, F.*, Grundrechte, S. 32.
[59] Vgl. *Hueck-Nipperdey*, Lehrbuch II, S. 347.
[60] Vgl. *Dürig*, in Maunz-Dürig-Herzog, GG, Kommentar, Art. 1 III, Rdn. 115 f.
[61] Ebenda, Rdn. 116.
[62] Vgl. ebenda, Rdn. 116.

setzungen vorliege, könne die Delegationstheorie nicht aufrechterhalten werden[63].

Zöllner[64] kritisiert an der herrschenden Lehre die mangelhafte Präzisierung des von ihr verwendeten Autonomiebegriffs und die fehlende Abgrenzung zwischen Autonomie und Delegation. Es spricht hierbei vom „widersprüchlichen Nebeneinander von Delegation und Autonomie"[65]. Der Begriff „Autonomie" werde schlagwortartig gebraucht, ohne daß feststehe, was damit exakt gemeint sei.

Auf diese fehlende Unterscheidung weisen auch andere Autoren hin. So bemängelt etwa auch Schnorr[66], daß von den Vertretern der herrschenden Meinung[67] die Begriffe „Normsetzungsbefugnis", „Tarifautonomie" und „Tarifmacht" nicht genügend klar auseinandergehalten, ja sogar synonym gebraucht würden.

c) *Die Tarifnormen als rechtsgeschäftliche Normen*

Neben der rechtlichen Qualifizierung des Tarifvertrags als Rechtsgeschäft einerseits und als Rechtssatz andererseits, findet sich in der Literatur neuerdings in verstärktem Umfang der Versuch, durch die Klassifizierung des Tarifvertrags als *rechtsgeschäftliche Norm* den Gegensatz der beiden Meinungen zu überwinden[68].

---

[63] Zur Kritik an diesem Einwand von Dürig vgl. *Küchenhoff*, Günther, Kapitel: Dienstvertrag, in *Erman*, W., Handkommentar zum BGB, vor § 611, 7 a C; ihm folgend *Westecker*, W., Rechtsnatur, S. 157 ff., insbes. 161 f.; vgl. auch *Stammler*, Wolfgang G., Autonomes Recht in der Rangordnung der Rechtsquellen, Diss. jur. Frankfurt 1970, S. 139 ff.
[64] Vgl. *Zöllner*, W., Rechtsnatur, S. 13 ff.
[65] Ebenda, S. 20.
[66] *Schnorr*, Gerhard, Inhalt und Grenzen der Tarifautonomie, JR 1966, S. 327 ff. (328).
[67] Schnorrs Kritik wendet sich an *Biedenkopf*, Kurt H., Grenzen der Tarifautonomie, Karlsruhe 1964 und *Hueck-Nipperdey-Stahlhacke*, TVG, § 1, Rdn. 155 ff., insbes. 158.
[68] Vertreten etwa durch *Rehbinder*, M., Rechtsnatur, JR 1968, S. 167 ff.; *Richardi*, Reinhard, Kollektivgewalt und Individualwille bei der Gestaltung des Arbeitsverhältnisses, i. d. R. Münchner Universitätsschriften, Reihe der Juristischen Fakultät, Band 6, München 1968, insbes. S. 164 f.; *Martens*, W., Öffentlich als Rechtsbegriff, S. 164 f.; *Wolff*, H. J., Verwaltungsrecht I, § 25 XI a; *Zöllner*, W., Rechtsnatur, befaßt sich eingehend mit der Möglichkeit des Verständnisses des Tarifvertrags als rechtsgeschäftlicher Norm, gibt aber dann der h. M. den Vorzug; ähnlich *Adomeit*, Klaus, Zur Theorie des Tarifvertrages, RdA 1967, S. 297 ff.
Für das österreichische Recht vgl. *Schantl*, Gernot, Die Allgemeinverbindlicherklärung von Kollektivverträgen (Satzungserklärung) im System der Rechtserzeugungsmethoden, ZAS 1969, S. 172 ff.; *Floretta*, Hans, Die Rechtsnatur der Quellen des kollektiven Arbeitsrechtes (Kollektivvertrag, Satzung, Betriebsvereinbarung), in: Floretta, H. und G. Kafka, Zur Rechtstheorie des kollektiven Arbeitsrechts, Wien 1970, S. 24; ders., Arbeitsrecht und Europäische Menschenrechtskommission, Salzburg und München 1967, S. 8 ff.; *Kafka*, Gustav, Kollektives Arbeitsrecht und Verfassung, in: Floretta, H. und G. Kafka, Zur Rechtstheorie, S. 30 ff.

So schreibt etwa *Rehbinder:* „Stehen aber zwei juristische Lehrmeinungen zur Auswahl (gemeint sind die Rechtsgeschäfts- und die Rechtssatztheorie; d. Verf.), so entspricht es alter juristischer Tradition, das Richtige in einer neuen, dritten zu suchen, die irgendwo in der Mitte liegt[69]."

Als Ausgangspunkt wählt dieser Erklärungsversuch eine andere als die im Arbeitsrecht übliche Rechtsquellenlehre.

Während nämlich die herrschende arbeitsrechtliche Lehre als innerstaatliche Rechtsquellen nur Gesetz, Rechtsverordnung, Satzung und das Gewohnheitsrecht anerkennt, geht die Lehre vom Tarifvertrag als rechtsgeschäftlicher Norm davon aus, daß auch durch Rechtsgeschäft die Entstehung von Rechtsnormen möglich sei[70]. Es handle sich dann nicht um staatlich gesetztes Recht, sondern um Parteirecht im Rahmen der Privatautonomie[71], dem jedoch Normencharakter zukommen könne.

Die Wirkung der Tarifverträge ist „nur durch die Annahme einer Rechtsnormenwirkung erklärbar"[72]. Diese Voraussetzung versperrt jedoch nicht den Weg zu einer privatautonomen Deutung der Tarifnormen, wenn man anerkennt, daß „eine derartige Rechtsnormenwirkung ... auch im Bereich der Privatautonomie denkbar und vom Gesetzgeber statuierbar"[73] ist. Die Privatautonomie sei nicht auf Einzelpersonen beschränkt; auch Personenverbänden sei sie als das Recht, ihre eigenen Angelegenheiten in der privatautonomen Satzung zu regeln, zu eigen[74]. Gerade im Tarifrecht zeige sich, daß die Privatautonomie nicht nur die individuelle Vertragsfreiheit umfasse, sondern auch das Recht zu regelnder Gestaltung im Normenvertrag umfassen könne[75].

Die Legitimation zur Regelung der Arbeitsbedingungen ihrer Mitglieder erhielten die Tarifverbände durch die im Beitritt enthaltene Unterwerfung des Einzelwillens unter den Verbandswillen[76].

---

[69] *Rehbinder,* M., Rechtsnatur, S. 170.
[70] Im Rahmen des Arbeitsrechts etwa vertreten von *Adomeit,* K., Theorie, S. 299 ff.; *Pernthaler,* Peter, Das Problem der verfassungsrechtlichen Einordnung (Legitimation) des Kollektivvertrages, ZAS 1966, S. 33 ff., insbes. S. 34; ders., Verfassungsrechtliche Probleme der autonomen Rechtsetzung des Arbeitsrechts, ÖZföR 1967, S. 45 ff., insbes. S. 48; *Floretta,* H., Rechtsnatur, S. 13; ders., Arbeitsrecht, S. 7; *Rehbinder,* M., Rechtsnatur, S. 170; *Schantl,* G., Allgemeinverbindlicherklärung, S. 172 f.
[71] *Schantl,* G., Allgemeinverbindlicherklärung, spricht m. E. recht treffend von *repräsentativ-privater Rechtserzeugungsmethode,* (S. 172).
[72] *Zöllner,* W., Rechtsnatur, S. 37.
[73] Ebenda, S. 37.
[74] Vgl. *Rehbinder,* M., Rechtsnatur, S. 170.
[75] Vgl. *Richardi,* R., Kollektivgewalt, S. 164 f.
[76] So schon *Jacobi,* E., Grundlehren, S. 273; vgl. dazu S. 27 f.; vgl. *Böttcher,* E., Gestaltungsrecht, S. 27, Anm. 38; *Zöllner,* W., Rechtsnatur, S. 31; *Richardi,* Reinhard, Normative Konsequenzen, Arbeitgeber 1969, S. 467 ff. (468); *Bydlinski,* Franz, Buchbesprechung, RdA 1968, S. 74 f.

Es ist also der Geltungsgrund der Tarifnormen, der nach dieser Meinung anders gedeutet wird, als nach der herrschenden Lehre, nämlich als privatautonome Regelung anstelle staatlich delegierter Rechtsetzung.

Kritisch ist zu dem Versuch, die Tarifnormen als rechtsgeschäftliche Normbildung zu erklären, folgendes anzumerken:

Wenn auch zuzugeben ist, daß mit den rechtsgeschäftlichen Lösungsversuchen eine „heilsame Beunruhigung der herrschenden Lehre ausgelöst"[77] worden ist, so scheint mir doch ein völliger Verzicht auf die Annahme einer staatlichen Hilfestellung für die Erklärung der Tarifnormen nicht möglich.

Das hatte sich ja schon in der Zeit vor Erlaß der TarifVO gezeigt; krankten doch die damaligen Tarifverträge gerade daran, daß ihnen die unabdingbare Wirkung fehlte.

Es müßte also jedenfalls angenommen werden, daß die unmittelbare und zwingende Wirkung (§ 4 Abs. I TVG) der Tarifnormen der durch Beitritt legitimierten Regelungsbefugnis der Tarifverbände vom Staat durch Gesetz beigelegt worden ist. Diese Art staatlicher Hilfestellung unterscheidet sich von der Delegation staatlicher Rechtsetzungsbefugnis insbesondere dem Vorgang der Rechtserzeugung nach, weniger jedoch in ihren Auswirkungen. Da sie m. E. unerläßlich ist, soll von dieser Modifikation bei den weiteren Erörterungen zur Abwägung zwischen Rechtssatz- und Rechtsgeschäftslösung ausgegangen werden.

2. Stellungnahme

Es stellt sich nun die Frage, welcher der beiden Meinungen — Delegationstheorie oder rechtsgeschäftliche Normbildung — der Vorzug zu geben ist, nachdem die rein rechtsgeschäftlichen Erklärungsversuche bereits vorher abgelehnt worden sind.

a) Abwägung zwischen Rechtssatz und privatautonomer Normenbildung

aa) Der Gedanke der Autonomie

Als erstes soll untersucht werden, ob der allgemein anerkannte Satz, die tarifvertragliche Regelungsbefugnis entspringe der Autonomie, einen Beitrag zur Einordnung des hierbei angewandten Rechtserzeugungsvorganges zu liefern vermag.

Zöllner[78] kritisiert diesbezüglich m. E. zu Recht, daß der Begriff „Autonomie" von der herrschenden Meinung zwar reichlich verwendet

---
[77] *Zöllner, W.,* Rechtsnatur, S. 7.
[78] Vgl. *Zöllner, W.,* Rechtsnatur, S. 13 ff.

werde, aber nicht genügend präzisiert sei. Er zählt allein fünf verschiedene in der Literatur verwendete Autonomiebegriffe auf; *Adomeit*[79] verlängert diesen Katalog um weitere vier. Es ist selbstverständlich, daß unter der verwirrenden Uneinheitlichkeit, mit der der außerordentlich schillernde Begriff „Autonomie" in der Literatur verwendet wird, die Aussagekraft der Feststellung, die Rechtsetzungsbefugnis der Tarifparteien beruhe auf deren Autonomie, leidet.

Natürlich ist es möglich, den Begriff „Autonomie" so weit zu fassen, daß die Setzung von objektivem Recht durch die Tarifparteien darunter fällt, um dann die tarifliche Normschöpfungsbefugnis als Ergebnis der Autonomie zu „erklären". Aber der Erklärungswert derartiger Feststellungen ist dann dementsprechend gering. Man kann eben aus einem Begriff nicht mehr an Aussagekraft herausholen, als man vorher in die Definition hineingepackt hat.

Wichtig scheint mir die Unterscheidung zu sein zwischen der Erteilung des Regelungsauftrags von unten her durch die Verbandsmitglieder als Ausfluß verbandlicher Autonomie und der Ausstattung dieser Regelungen mit dem Charakter von Rechtssätzen seitens des Staates[80].

Ein solche enge Auffassung vom Begriff der Autonomie hält den Blick offen

— einerseits für die Geltungsgrundlage der Tarifnormen, nämlich die Unterwerfung unter den Verbandswillen durch Beitritt und die damit übertragene Regelungsbefugnis von unten, von den Mitgliedern her,

— andererseits für die Frage der Einordnung als staatlich delegiertes Recht oder als rechtsgeschäftliche Norm.

Es läßt sich also festhalten:

Von der Grundlage ihrer Geltung her sind die Tarifnormen jedenfalls autonomes Recht; andererseits vermag diese Aussage jedoch keinen Beitrag zur Frage der Eigenschaft der Tarifnorm als hoheitlich delegierter Rechtssatz oder als rechtsgeschäftliche Norm zu liefern.

Richtig bemerkt in diesem Zusammenhang *Stammler:* „Die in jüngster Zeit erneut aufgeflammte Kontroverse um die Rechtsnatur des Tarifvertrages betrifft nur sekundär die Frage nach der Zuordnung zum autonomen Bereich, primär geht es um die Rechtssatzeigenschaft der Tarifnorm, was jedoch infolge der ... Verquickung beider Fragen selten deutlich wird[81]."

---

[79] Vgl. *Adomeit*, Klaus, Rechtsquellenfragen im Arbeitsrecht, München 1969, S. 129.
[80] Vgl. *Lieb*, Manfred, Die Rechtsnatur der Allgemeinverbindlicherklärung von Tarifverträgen als Problem des Geltungsbereichs autonomer Normensetzung, Diss. jur. München 1960, § 9 (S. 57 ff.).
[81] *Stammler*, Wolfgang, G. Rangordnung, S. 137.

bb) Abwägung der Bezeichnung „Rechtsnormen"

Die Theorie von der Normsetzungsbefugnis der Tarifparteien kraft staatlicher Delegation beruft sich auf den Wortlaut des Gesetzes.

In der Tat ist unbedingt an der Aussage des Tarifvertragsgesetzes festzuhalten, wonach der Tarifvertrag Rechtsnormen enthält (§§ 1 Abs. I, 3. Abs. II, und 4. Abs. I, Satz 1, 2 TVG)[82]. Der Gesetzgeber hat hierdurch zur Regelung des menschlichen Zusammenlebens, genauer zur Klärung einer anstehenden Frage aus dem sozialen Bereich, eine klare Entscheidung getroffen, die Gültigkeit besitzt.

Wohl aber kann und muß die Aussage des Gesetzgebers von der Wissenschaft interpretiert werden. Und es zeigt sich sehr bald, daß diese Interpretation auch nötig ist, denn in Literatur und Rechtsprechung wird der Begriff „Rechtsnorm" durchaus unterschiedlich gebraucht.

So leugnet die *Tatbestandstheorie*[83] die Möglichkeit der Normbildung durch Rechtsgeschäft, während die *Normentheorie*[84] — wie dann, darauf aufbauend, die sog. *Stufentheorie* der Wiener Schule[85] — das Rechtsgeschäft als privatrechtliche Normsetzung, als lex privata betrachtet.

Nach der Tatbestandstheorie bildet das Rechtsgeschäft lediglich einen Tatbestand[86], an den das Gesetz eine bestimmte Rechtsfolge — also die Entstehung, Aufhebung oder Veränderung eines Rechtsverhältnisses — knüpft[87].

---

[82] Vgl. hierzu die Angaben zu Literatur und Rechtsprechung bei BayVerfGH BayVBl. 71, 263.
[83] Vertreten wird die Tatbestandstheorie etwa durch *v. Tuhr*, Andreas, Der Allgemeine Teil des Deutschen Bürgerlichen Rechts, München und Leipzig 1914 (Neudruck Berlin 1957), Bd. II/1, §§ 43 ff. (S. 3 ff.); *Enneccerus-Nipperdey*, Allgemeiner Teil des bürgerlichen Rechts, 15. Aufl., Tübingen 1960, 2. Halbband, §§ 135 ff. (S. 857 ff.); *Lehmann - Hübner*, Allgemeiner Teil des BGB, 15. Aufl., Berlin 1966, § 20 ff. (S. 131 ff.); modifiziert auch *Liver*, Peter, Der Begriff der Rechtsquelle, in: Rechtsquellenprobleme im schweizerischen Recht, Festgabe für den schweizerischen Juristenverein, Bern 1955, S. 1—55.
[84] Vgl. für die Normentheorie statt vieler: *Bierling*, Ernst-Rudolf, Juristische Prinzipienlehre, Freiburg und Leipzig 1894—1917 (Neudruck Aalen 1961), Bd. I, S. 112, Bd II, S. 117 ff., insbes. S. 127: „... daß G e s e t z u n d a l l e m ö g l i c h e n A r t e n v o n P r i v a t r e c h t s g e s c h ä f t e n ... w e s e n t l i c h g l e i c h a r t i g e D i n g e s i n d" (im Original gesperrt, d. Verf.); *Manigk*, Alfred, Die Privatautonomie im Aufbau der Rechtsquellen, Berlin 1935, S. 26; *Nawiasky*, Hans, Staatslehre, Bd. III, Einsiedeln, Zürich, Köln 1956, S. 108; ders., Allgemeine Rechtslehre, insbes. S. 46; *Herschel*, Wilhelm, Die Vertragsordnung als Rechtsnorm, DR 1942, S. 753 ff.
[85] Vgl. hierzu insbes. *Kelsen*, Hans, Reine Rechtslehre, 2. Aufl., Wien 1960; ders., Zum Begriff der Norm, in: Festschrift für Nipperdey, Bd. I, S. 57 ff.
[86] So *Nipperdey*, H. C., in Enneccerus-Nipperdey, BGB AT, § 145 II (S. 896). „Rechtsgeschäft ist ein Tatbestand ..."; vgl. auch *v. Tuhr*, A., BGB AT, S. 4.
[87] Vgl. *Adomeit*, K., Rechtsquellenfragen, S. 85.

Die Rechtswirkung tritt ein, weil die Rechtsordnung dies als Folge der Tatbestandsverwirklichung vorsieht[88]. Das Element des Parteiwillens wird von dieser Meinung als Teil des Tatbestandes aufgefaßt. Geltungsgrund für das Rechtsgeschäft ist jedoch, daß die Rechtsordnung den Willen „*als Grund für den Eintritt der als gewollt bezeichneten Rechtswirkung*"[89] anerkennt, daß also die Rechtsordnung den rechtlichen Erfolg herbeiführt, wenn nur der Tatbestand „Rechtsgeschäft" erfüllt ist.

Im Gegensatz hierzu steht eine namentlich in der neueren Literatur[90] vertretene Ansicht, die das Rechtsgeschäft als Normsetzung auffaßt[91]. Nach dieser Meinung besteht insofern kein qualitativer Unterschied zwischen Rechtssatz und Rechtsgeschäft, als beide Normen erzeugen. Als Gültigkeitsvoraussetzung bedürfen beide — sowohl der Rechtssatz, als auch das Rechtsgeschäft — der Ermächtigung durch eine übergeordnete Norm. Im Falle des Gesetzes ist dies die Verfassung, im Falle einer Verordnung das ermächtigende Gesetz usw., im Fall des privatrechtlichen Rechtsgeschäfts die im Prinzip der Privatautonomie zusammengefaßte, in einer Unzahl von Vorschriften vorgesehene Ermächtigung zum Erlaß von Rechtsnormen[92]. Die Privatautonomie sei die Grundlage für die dem Rechtsträger in Einzelvorschriften verliehene Normsetzungsbefugnis[93]. Die Durchsetzbarkeit dieser rechtsgeschäftlichen Normen werde — wie die des staatlichen Rechts — vom Staat sichergestellt. Bedenkt man nun weiter, daß es für den Normunterworfenen gleichgültig ist, ob er aufgrund eines Rechtssatzes oder aufgrund eines Rechtsgeschäfts zu einem bestimmten Verhalten verpflichtet ist[94], so erscheint die zweite Meinung, die auch das Rechtsgeschäft als Norm-

---

[88] Vgl. *Enneccerus-Nipperdey*, BGB AT, § 136 (S. 859): „Zwischen Tatbestand und Rechtswirkung besteht das logische Verhältnis von Grund und Folge."
[89] Ebenda, S. 896.
[90] Vgl. die Literaturangaben bei Anm. 70.
[91] Vgl. statt vieler *Adomeit*, K., Rechtsquellenfragen, S. 88.
[92] Vgl. hierzu *Bucher*, Eugen, Das subjektive Recht als Normsetzungsbefugnis, Tübingen 1965, S. 55 ff.; *Richardi*, R., Kollektivgewalt, S. 32 ff.
[93] Vgl. grundlegend: *v. Hippel*, Fritz, Das Problem der rechtsgeschäftlichen Privatautonomie, Tübingen 1936, S. 57 ff.; *Bierling*, E. R., Prinzipienlehre, Bd. II, S. 118, wo er definiert: „R e c h t s g e s c h ä f t n e n n e n w i r j e d e S e t z u n g s u b o r d i n i e r t e r R e c h t s n o r m e n" (im Original gesperrt, d. Verf.), und „nur besteht das Charakteristische dieser durch ein Rechtsgeschäft herbeigeführten Entstehung, Auflösung oder Veränderung von Rechtsverhältnissen darin, daß sie vermittelt wird d u r c h e i n e R e c h t s n o r m e n - S e t z u n g, (im Original gesperrt, d. Verf.), die das eigentliche Wesen des Rechtsgeschäfts nach unserem Begriffe ausmacht".
[94] So *Thoma*, Richard, Der Vorbehalt des Gesetzes im preußischen Verfassungsrecht, in: Festgabe für Otto Mayer, Tübingen 1916, S. 165 ff. auf S. 179: „Als ob nicht j e d e (im Original gesperrt; d. Verf.) Anordnung von oben her betrachtet ein Rechtsgeschäft wäre, ... Und als ob nicht j e d e (im Original gesperrt; d. Verf.) Anordnung von unten her betrachtet, Rechtssatzung ... wäre...."

setzung auffaßt, als durchaus vertretbar; auf die Tarifnormen angewandt, führt sie zu bemerkenswerten Konsequenzen.

Es kann nämlich dann aus der Aussage des Tarifvertragsgesetzes, der Tarifvertrag enthalte Rechtsnormen, nicht mehr gefolgert werden, daß diese Normen in Delegation staatlicher Hoheitsgewalt erlassen wurden, denn es kann sich ja auch um rechtsgeschäftliche Normsetzung handeln.

Der Normencharakter des Tarifvertrags läßt sich demnach nicht als Argument für die Delegationstheorie verwenden.

cc) Die unmittelbare und zwingende Wirkung der Tarifnormen

Es hat sich gezeigt, daß die gesetzlich fixierte Normenqualität der Tarifverträge keine Antwort gibt auf die Frage, ob es sich dabei um staatlich delegierte oder um rechtsgeschäftliche Normen handelt.

Als weiteres Argument wird für die Delegationstheorie die unmittelbare und zwingende Wirkung der Tarifnormen herangezogen. So schreibt *Nipperdey*: „... weil diese Regelung im E i n z e l f a l l   u n a b h ä n g i g   v o m   W i l l e n   d e r   B e t e i l i g t e n (im Original gesperrt; d. Verf.) (der Tarifunterworfenen) wirkt, und weil eine unmittelbare und zwingende Wirkung von Regeln für Rechtsgeschäfte das Wesen des jus cogens (des objektiven zwingenden Rechts) ausmacht[95]."

§ 4 Abs. I TVG legt die unmittelbare und zwingende Wirkung von Tarifnormen, die den Inhalt, den Abschluß oder die Beendigung von Arbeitsverhältnissen ordnen, fest. Infolgedessen gelten die Arbeitsbedingungen des Tarifvertrags unabhängig vom Willen der Arbeitsvertragsparteien — bzw. als Folge der zwingenden Wirkung trotz abweichender Parteivereinbarungen. In der Tat scheint diese den Tarifnormen vom Gesetz verliehene Eigenschaft auf den ersten Blick ein Argument für die Delegationstheorie zu liefern; handelt es sich doch nach dieser Ansicht bei den Tarifnormen um echte Rechtssätze, als deren Hauptkriterium allgemein eine selbstherrliche Geltungskraft, unabhängig vom Willen des einzelnen gilt[96].

Hier ist jedoch sogleich eine Einschränkung nötig. Zwar beanspruchen die Tarifnormen eine vom Willen der Tarifunterworfenen unabhängige Gültigkeit[97] aber doch nur, wenn und weil die Beteiligten vorher einem Verband beigetreten sind und diesem durch ihren Beitritt die Regelung der Arbeitsbedingungen übertragen haben. Geltungsgrund ist demnach

---

[95] *Hueck-Nipperdey*, Lehrbuch II, S. 346.
[96] So statt vieler etwa *Nipperdey*, in: Enneccerus-Nipperdey, BGB-AT, 1. Halbband, § 32/III; siehe auch *Liver*, Peter, Rechtsquelle, S. 14 f.
[97] Vgl. *Hueck-Nipperdey*, Lehrbuch II, S. 346.

die durch den Beitritt zum Ausdruck gebrachte Unterwerfung unter den Verbandswillen[98].

Dies verkennt m. E. die herrschende Lehre, wenn sie als Geltungsgrund nur delegierte staatliche Hoheitsbefugnis annimmt[99]. Die Ausstattung des Tarifvertrags mit Normencharakter und unabdingbarer Wirkung setzt doch nur das „wie", nicht aber das „ob" der verbandlichen Regelungsgewalt fest, klärt also nur die rechtliche Form, in der die den Verbänden durch Beitritt übertragene Regelungsbefugnis erfolgen soll. Außerdem ist die herrschende Meinung mit dem Verbandsprinzip nicht in Einklang zu bringen, das in der Vereinsnatur der Verbände wurzelt und deren Tätigkeiten grundsätzlich auf die Mitglieder beschränkt (Ausnahme: § 3 Abs. II TVG). Für die Annahme eines so ausgeprägten Mitgliedschaftsprinzips bestünde nämlich dann überhaupt kein Anlaß. Gelten die Tarifnormen aber kraft Unterwerfung, so gelten sie „gerade nicht ohne Rücksicht auf den Willen des Betroffenen"[100].

Dies läßt sich aber wiederum mit dem Wesen von objektiven Rechtssätzen mit ihrer selbstherrlichen Geltungskraft nicht vereinbaren.

Im übrigen ist eine gewisse Unabhängigkeit des Inhalts einer Regelung vom Willen der Beteiligten nicht nur bei echten Rechtssätzen denkbar. Es lassen sich vielmehr, wie Zöllner[101] aufgezeigt hat, auch im Bereich der Rechtsgeschäfte Fälle nachweisen, bei denen der Zusammenhang zwischen Regelungsinhalt und Willen des Betroffenen unterbrochen ist[102].

Dies gilt in gewissem Umfang schon für den Fall der Stellvertretung, bei der der Vertreter gem. § 164 Abs. I BGB seine (eigene) Willenserklärung abgibt, die dann für und gegen den Vertretenen gilt.

Auf ähnliche Weise gelockert wird der Zusammenhang zwischen dem Inhalt der Regelung und dem Willen des Betroffenen bei der Leistungsbestimmung durch einen Dritten oder beim Weisungsrecht des Arbeitgebers. Ähnliches gilt für die Satzung privater Verbände, die

---

[98] So schon *Jacobi*, E., Grundlehren, S. 272 ff.; vgl. hierzu BayVerfGH v. 6. 5. 1971, BayVBl. 71, 262 ff. (265): „... weil man eine Unterwerfung unter die Tarifnormen nur mit der Zugehörigkeit der Arbeitgeber und Arbeitnehmer zu den Verbänden, denen sie freiwillig beigetreten sind und die mit der Vereinbarung von Tarifverträgen die Interessen ihrer Mitglieder wahrnehmen, rechtfertigen kann (BAG 20, 175/189 f.)." Vgl. auch *Richardi*, R., Normative Konsequenzen, Arbeitgeber 1969, S. 468; *Bydlinski*, F., Buchbesprechung, RdA 1968, S. 74.
[99] Vgl. *Hueck-Nipperdey*, Lehrbuch II, S. 349 f., Anm. 23.
[100] *Zöllner*, W., Rechtsnatur, S. 37.
[101] Vgl. ebenda, S. 30 ff.
[102] Vgl. die Aufzählung von Fällen mit heteronomen Zügen im Bereich der Rechtsgeschäfte bei *Strasser*, Rudolf, Kollektivvertrag und Verfassung, Wien 1968. S. 19 f.

von der wohl h. M. als privatautonomes Erzeugnis, nicht als objektives Recht aufgefaßt wird[103].

Gleichwohl läßt sich der Zusammenhang zwischen dem Willen eines Mitglieds, das einer Satzungsänderung oder einem Mitgliederbeschluß nicht zustimmt, und dem Regelungsinhalt nur über die vorherige Unterwerfung unter den Gemeinschaftswillen herstellen[104].

Es zeigt sich also, daß auch im Bereich privatautonomer Regelungen der unmittelbare Zusammenhang zwischen dem Willen des Betroffenen und dem Regelungsinhalt nicht immer gegeben ist. Somit läßt sich das Fehlen eben dieses Zusammenhanges im tarifvertraglichen Bereich nicht als Beweis für das Vorliegen eines Rechtssatzes verwenden.

Hierzu kommt noch folgendes: Nachdem im Bereich der verbandlichen Satzung allgemein das Willenmoment nur durch die vorherige Unterwerfung gewahrt ist, bedeutet die unmittelbare und zwingende Wirkung des Tarifvertrags insofern keine Besonderheit. Das Verbandsmitglied unterwirft sich durch seinen Beitritt ja nicht nur der Satzungsgewalt innerhalb des Verbandes, sondern — und dies ist Hauptzweck des Beitritts — auch der Regelungsmacht der Tarifvertragsparteien untereinander[105].

Und noch eine Bemerkung erscheint in diesem Zusammenhang angebracht. Die gesetzliche Anordnung einer unmittelbaren und zwingenden Wirkung ist gerade dann erforderlich, wenn es sich um rechtsgeschäftliche Normen handelt, da sich die Verbindlichkeit der Tarifbestimmungen anders auf dem Weg rechtsgeschäftlicher Normbildung nicht erreichen läßt[106]. Ein Schluß von dieser unabdingbaren Wirkung auf die Qualifizierung der Tarifnormen als Rechtssatz scheint mir auch aus diesem Grund nicht möglich.

dd) Einordnung mit Hilfe der Gemeinwohlidee

Ein weiteres Argument, das für den Rechtssatzcharakter der Tarifnormen sprechen könnte, bringt *Zöllner*[107]. Bei der Suche nach dem „inneren Grund der Unterscheidung zwischen dem Bereich der Privat-

---

[103] Zur umstrittenen Frage der Rechtsnatur der Verbandssatzung vgl. die Literaturangaben bei *Enneccerus-Nipperdey*, BGB-AT 1. Halbband, § 108 II.
[104] Vgl. *Zöllner*, W., Rechtsnatur, S. 31.
[105] Vgl. *Zöllner*, W., Rechtsnatur, S. 31; ähnlich schon *Jacobi*, E., Grundlehren, S. 273: „Der Einzelne hat seinen Willen, sich unter die Arbeitsbedingungen des Tarifvertrags zu stellen, durch Eintritt in den tariffähigen Verband ... bekundet. Er findet insofern in dem, was der Verband für ihn vereinbart, seinen eigenen Willen wieder."
[106] Vgl. hierzu die oben auf S. 39 gemachte Modifikation; vgl. auch *Zöllner*, W., Rechtsnatur, S. 25.
[107] Vgl. ebenda, S. 34 ff.

autonomie und dem Bereich der Rechtssetzung"[108] sieht er den entscheidenden Unterschied darin, daß Rechtssetzung der Intention nach die Verwirklichung der Gerechtigkeitsidee anstrebe, während der privatautonomen Regelung diese Absicht fehle; sie suche vielmehr den vertraglichen Ausgleich eigener Vorteile. Für den Gesetzgeber folge aus der „Intention..., den Rechtsgedanken zu verwirklichen"[109] die Bindung an das Gemeinwohl[110].

Da die Tarifpartner beim Abschluß eines Tarifvertrags auf das Interesse der Allgemeinheit, insbesondere in gesamtwirtschaftlicher Hinsicht, Rücksicht zu nehmen hätten, somit „eine intentionale Bindung der Tarifpartner an die Gerechtigkeit, insbesondere an die Wahrung des Gemeinwohls"[111] zu bejahen sei, sei die Qualifizierung der Tarifnormen als Rechtssätze gerechtfertigt. Dem kann nicht ohne weiteres zugestimmt werden.

Auch wenn man der oben genannten Auffassung von der Rechtsetzung als dem Versuch, die Rechtsidee zu verwirklichen, beipflichtet[112], bedarf doch die zweite Aussage, daß nämlich die Tarifvertragsparteien bei Abschluß eines Tarifvertrags sich am Allgemeinwohl orientierten, der sorgfältigen Überprüfung[113].

Gerade die Tarifentwicklung der letzten Jahre scheint dem deutlich zu widersprechen[114]. Wer beobachtet, wie die Koalitionen geradezu beschwörende Appelle etwa des Bundeswirtschaftsministers, bei ihren Abmachungen mehr Rücksicht auf das gesamtwirtschaftliche Wohl zu nehmen, glattweg ignorieren, kann dem nur beipflichten.

Demgegenüber ließe sich einwenden, daß eine empirisch feststellbare Vernachlässigung des Gemeinwohlgedankens nicht ausreiche, um den Tarifpartnern grundsätzlich die Intention zur Wahrung des gemeinsamen Besten abzusprechen. Sie würden vielmehr dadurch, daß sie die

---

[108] *Zöllner*, W., Rechtsnatur, S. 34.
[109] Ebenda, S. 34.
[110] Vgl. ebenda, S. 35; ähnlich *Flume*, Werner, Allgemeiner Teil des Bürgerlichen Rechts, Bd. II, Das Rechtsgeschäft, Berlin, Heidelberg, New York 1965, S. 1, 4 (S. 5).
[111] *Zöllner*, W., Rechtsnatur, S. 36.
[112] Daß diese Meinung nicht unwidersprochen ist, verkennt auch *Zöllner* nicht, vgl. S. 35, Anm. 103, vgl. außerdem *Adomeit*, K., Rechtsquellenfragen, S. 81 ff.; *Floretta*, H., Rechtsnatur, S. 23, Anm. 95.
[113] Vgl. hierzu auch *Bulla*, Gustav-Adolf, Soziale Selbstverwaltung der Sozialpartner als Rechtsprinzip, in: Festschrift für H. C. Nipperdey zum 70. Geburtstag, Bd. II, S. 79 ff.; insbes. S. 84 f.; vgl. auch *Reuß*, Wilhelm, Die Bedeutung des Gemeinwohls für die Tarifhoheit, ZfA 1970, S. 319 ff.; *Richardi*, R., Normative Konsequenzen, Arbeitgeber 1969, S. 469.
[114] Vgl. hierzu *Löwisch*, Manfred, Die Ausrichtung der tariflichen Lohnfestsetzung am gesamtwirtschaftlichen Gleichgewicht, RdA 1969, S. 129 ff., der auf die Möglichkeit für die Tarifverbände, „sich auf dem Rücken Dritter zu einigen" hinweist (ebenda, S. 135).

Interessen eines erheblichen Teils der Bevölkerung repräsentierten, dem Gesamtwohl dienen.

Aber dieser Einwand überzeugt nicht. Denn der Organisationsgrad bei den Gewerkschaften in der BRD ist, gemessen an der Gesamtzahl der Arbeitnehmer, zu niedrig[115], um die Interessen der Gewerkschaftsmitglieder auch nur annähernd mit den Interessen aller Arbeitenden, geschweige denn des gesamten Volkes gleichstellen zu können.

Die Arbeitgeber dagegen sind zwar sehr weitgehend in Arbeitgeberverbänden organisiert, aber rein zahlenmäßig, gemessen an der Gesamtbevölkerung, sehr wenig. Arbeitgeber- und Arbeitnehmerverbände repräsentieren Gruppeninteressen, die auch nach ihrem Ausgleich im Tarifvertrag nicht unbedingt mit dem öffentlichen Interesse gleichzusetzen sind[116]; vielmehr wäre gerade im gegenwärtigen Zeitpunkt eine stärkere Berücksichtigung des Gemeinwohls durch die Koalitionen sehr wünschenswert.

b) Zur Frage der Systemkonformität der Annahme privatautonomer Normbildung

Entsprechend den bisherigen Erörterungen scheinen die Delegationstheorie und die Erklärung der Tarifnormen mit Hilfe einer repräsentativ-privaten Rechtserzeugungsmethode gleichberechtigt nebeneinander zu stehen. Um aber auch die letztere Meinung anerkennen zu können, wäre von ihr zu fordern, daß sie sich in das Gesamtrechtssystem einfügen läßt.

Hierbei ist jedoch sogleich eine Einschränkung erforderlich:

Es ist nicht möglich, eine Theorie in ihren Auswirkungen „bis zu ‚sämtlichen Umständen des Einzelfalls' — der Formel der Rechtsprechung für das dogmatisch undeterminierte Problem"[117] durchzuprüfen.

---

[115] Er beträgt bei den Arbeitnehmern etwa 25—30 %/o mit stetig abnehmender Tendenz und mit starken Schwankungen zwischen einzelnen Gewerbezweigen; von den Arbeitgebern sind etwa 80 %/o organisiert. Vgl. dazu etwa *Hirche,* Kurt, Die Wirtschaftsunternehmen der Gewerkschaften, 1. Aufl., Düsseldorf und Wien 1966, S. 16.
[116] So etwa *Leibholz,* Gerhard, Das Wesen der Repräsentation und der Gestaltwandel der Demokratie im 20. Jahrhundert, 3. Aufl., Berlin 1966, S. 53 f.: „Eine Person, die nur bestimmte, partikulare Interessen einer Bevölkerungsschicht vertritt, kann nicht das Volksganze repräsentieren, da ihr Individual- oder Gruppeninteresse nicht mit dem allein politisch repräsentationsfähigen Interesse des Gesamtvolkes identisch ist." Ähnliches gilt jedoch nicht nur von einer natürlichen Person, sondern auch von einer Gruppe, einem Verband.
[117] *Adomeit,* Klaus, Zur Rechtstheorie des Kollektiven Arbeitsrechts, ZfA 1971, S. 415 ff. (418).

Daher ist es erforderlich, sich auf wenige entscheidende Gesichtspunkte zu beschränken. Von herausragender Wichtigkeit scheinen mir diesbezüglich insbesondere zwei Aspekte zu sein, nämlich die Frage der Vereinbarkeit eines als rechtsgeschäftliche Norm verstandenen Tarifvertrags mit dem Grundsatz staatlicher Subsidiarität zum einen und dessen Verhältnis zu den Grundrechten zum anderen.

aa) Die Vereinbarkeit eines als rechtsgeschäftliche Normbildung verstandenen Tarifvertrags mit dem Grundsatz staatlicher Subsidiarität

Im folgenden soll die Frage gestellt werden, ob die grundsätzliche Entscheidung unserer Rechtsordnung in Fragen der Aufgabenverteilung zwischen Staat, Gruppe und einzelnem, die im Subsidiaritätsprinzip niedergelegt ist, bei Anerkennung von privatautonomen Tarifnormen gewahrt bliebe.

Das Subsidiaritätsprinzip, dieses allgemeine Ordnungs- und Zuständigkeitsprinzip[118], zugleich aber auch material Hilfe-, Ergänzungs- und Ausgleichspflicht beinhaltend[119], das auch für das Arbeitsrecht Gültigkeit beansprucht[120, 121], läßt sich etwa folgendermaßen umschreiben:

---

[118] Zum Subsidiaritätsprinzip vgl. grundlegend *Küchenhoff*, Günther, Staatsverfassung und Subsidiarität, bei *Utz*, Arthur Fridolin, Das Subsidiaritätsprinzip (Sammlung Politeia, Bd. II), Heidelberg 1953, S. 67 ff.; ders., Das Prinzip der staatlichen Subsidiarität im Arbeitsrecht, RdA 1959, S. 201 ff.; ders., Naturrecht und Liebesrecht, 2. Aufl., Hildesheim 1962, S. 113 ff.; ders., Das Arbeitsverhältnis im Gemeinschaftsstaat würdigen Schaffens, ArbuR 1964, S. 225 ff. (226); ders., Bund und Gemeinde, BayVBl. 1958, S. 65 ff.; 101 ff.; ders., Freiheit und Verantwortung, S. 19; ders., Subsidiarität und Solidarität im Betriebsverfassungsrecht, DB 1963, S. 765 ff.; *van der Ven*, Josef, Organisation, Ordnung und Gerechtigkeit, in: Utz, A. F., Subsidiaritätsprinzip, S. 45 ff.; *Hengstenberg*, H. E., Philosophische Begründung des Subsidiaritätsprinzips, ebenda, S. 19 ff.; *Utz*, A. F., Formen und Grenzen des Subsidiaritätsprinzips (Sammlung Politeia, Bd. IX), Heidelberg 1956, *Dürig*, Günter, Verfassung und Verwaltung im Wohlfahrtstaat, JZ 1953, S. 193 ff. (198); *Maunz*, Theodor, Deutsches Staatsrecht, 18. Aufl.. München 1971, § 10 II 6; einschränkend: *Peters-Ossenbühl*, Die Übertragung von öffentlich-rechtlichen Befugnissen auf die Sozialpartner unter besonderer Berücksichtigung des Arbeitsschutzes, Berlin und Frankfurt 1967, S. 19 ff.
[119] Vgl. *Küchenhoff*, Günther, Subsidiarität, DB 1963, S. 765: „Hilfszuständigkeit ist auch Hilfezuständigkeit."
[120] Seine Ausprägung fand das Subsidiaritätsprinzip zunächst im Rahmen der katholischen Soziallehre, vgl. insbes. die Enzykliken Rerum Novarum von *Leo XIII.* (1891), Ziff. 29—35, Quadragesimo Anno von *Pius XI.* (1941), Ziff. 79 ff. und Mater et Magistra von *Johannes XXIII.* vom 15. 5. 1961, insbes. Ziff. 151 f., abgedruckt bei Schasching, Johannes (Hrsg.), Die soziale Botschaft der Kirche von *Leo XIII.* bis *Johannes XXIII.*, Innsbruck, Wien, München 1962, S. 69 ff., 115 ff., 261 ff.
[121] Zur Gültigkeit des Subsidiaritätsprinzips auch im Arbeitsrecht vgl. *Küchenhoff*, Günther, Prinzip, RdA 1959, S. 202 f.; ders., Das Arbeitsrecht als Ordnung individueller und sozialer Grundkräfte des Menschen, in: Festschrift für Hans Schmitz, Bd. I, Wien, München 1967, S. 109 ff. (115); *Nipperdey*

2. Kap.: Der normative Teil

Was der einzelne unter Zuhilfenahme aller Kräfte allein erreichen kann, soll er selbst erledigen; was jedoch über die Leistungsfähigkeit des einzelnen hinausgeht, sollen die Gesellungen[122] oder Gemeinschaften — in von unten nach oben langsam aufsteigender, bisweilen auch eine oder mehrere Stationen überspringender Stufenfolge[123] — übernehmen.

Obgleich im Grundgesetz nicht ausdrücklich genannt, hat der Grundsatz der Subsidiarität doch in der Verfassung Anerkennung gefunden[124, 125].

Auch im Arbeitsrecht ist das Subsidiaritätsprinzip — mit seinem Aufbau von unten nach oben als Ausdruck einer modernen Auffassung vom Staat im Gegensatz zu einer früher überbetonten zentralistischen Souveränität stehend[126] — ausgeprägt[127].

Es fragt sich nun, ob eine Erklärung der Tarifnormen als rechtsgeschäftliche Normen mit dem Prinzip der staatlichen Subsidiarität zu vereinbaren ist. Diese Frage läßt sich m. E. bei Aufrechterhaltung der oben[128] gemachten Modifizierung aus folgenden Gründen bejahen:

Entsprechend dem Subsidiaritätsprinzip soll der übergeordnete Verband nicht eingreifen, falls der engere Verband die Arbeitsbedingungen zufriedenstellend regeln kann, dieser wiederum nicht, falls der einzelne hierzu in der Lage ist. Selbständiges Handeln ist dem einzelnen Arbeitnehmer bei der Festlegung der Arbeitsbedingungen meist nicht möglich, weil er in der Regel machtmäßig unterlegen ist. Auch durch Hilfeleistung der nächsthöheren Einheit — hier des Tarifverbandes — kann der einzelne nicht in die Lage versetzt werden, selbst seine Angelegenheiten angemessen zu regeln[129].

---

in Hueck-Nipperdey, Lehrbuch II, S. 28, 44; vgl. auch *Hablitzel,* Hans, Verbands- und Betriebsratskompetenzen für rechtsetzende Vereinbarungen im Arbeitsrecht — Zugleich ein Beitrag zum Verhältnis von Gewerkschaften und Betrieb, Diss. jur. Würzburg 1970, S. 66.

[122] Zum Begriff der Gesellung vgl. *Hengstenberg,* H. E., Philosophische Begründung, S. 21.

[123] Vgl. *Küchenhoff,* Günther, Prinzip, RdA 1959, S. 202.

[124] Vgl. die Art. 28, 30, 72, Abs. II, 75, 105, Abs. I, 106, Abs. VII, 107, Abs. II, 120 GG; vgl. hierzu *Küchenhoff,* Günther, Subsidiarität, DB 1963, S. 766; ders., Bund und Gemeinde, BayVBl. 1958, S. 65 ff., 101 ff., *Maunz,* Th., Staatsrecht, § 10 II 6; *Dürig,* G., Verfassung, JZ 1953, S. 198; ders., bei *Maunz-Dürig-Herzog,* Art. 1, Rdn. 54.

[125] Zu dem Bemühen des bayerischen Verfassungskonvents auf Herrenchiemsee, das Subsidiaritätsprinzip in die Bayerische Verfassung aufzunehmen, vgl. *Maunz,* Th., Staatsrecht, § 10, II 6.

[126] Vgl. hierzu *Küchenhoff,* Günther, Naturrecht, S. 114.

[127] Vgl. oben, Anm. 121.

[128] Vgl. oben, S. 39.

[129] Dazu, daß eine Angelegenheit, die der einzelne (bzw. der engere Verband) allein nicht zu lösen instande ist, nicht sofort in die Zuständigkeit des (nächsthöheren) Verbandes übergeht, sondern zuerst versucht werden muß — soweit dies sinnvoll bzw. erfolgversprechend scheint — dem engeren Wir-

Die Aufgabe geht also in die Zuständigkeit dieses Verbandes über[130]. Die Koalitionen nun wären materiell in der Lage, beiderseits befriedigende Arbeitsbedingungen zu erreichen; formell jedoch fehlt es ihnen ohne staatliche Hilfe an der Möglichkeit, die Tarifnormen unabdingbar werden zu lassen. Vor dem Eingreifen des Staates in der TarifVO krankte ja das Tarifwesen daran, daß den Tarifbestimmungen die unmittelbare und zwingende Wirkung fehlte.

Es läßt sich nun weiter folgern: aus dem Subsidiaritätsprinzip folgt die Hilfepflicht des Staates[131] — ohne daß deshalb gleich die Zuständigkeit von den Verbänden auf den Staat überginge.

Durch die Festsetzung der unabdingbaren Wirkung der Tarifnormen (erst in der TarifVO, dann im TarifVG) ist der Staat seiner Pflicht zur Hilfeleistung nachgekommen.

Da die Festsetzung der Unabdingbarkeit als ein Minus an staatlicher Hilfe gegenüber der Delegation von hoheitlicher Rechtsetzungsgewalt in Verbindung mit der allgemein gegebenen Privatautonomie ausreicht, um die Koalitionen zur zufriedenstellenden Lösung ihrer Aufgaben zu befähigen, bedarf es nicht der weitergehenden staatlichen Hilfeleistung in Form einer — ständigen — Delegation staatlicher Rechtsetzungsbefugnis. Der übergeordnete Verband (Staat) soll nur eingreifen, falls dies unbedingt erforderlich ist und dann nur das nötige Maß an Hilfe geben[132].

Es zeigt sich also, daß eine wie oben[133] modifizierte Erklärung der Tarifverträge als rechtsgeschäftliche Normen mit dem Grundsatz staatlicher Subsidiarität durchaus zu vereinbaren ist.

---

kungskreis zu helfen, die Aufgabe selbst zu lösen, vgl. *van der Ven,* J., Organisation, S. 48. Nur wenn die kleinere Gemeinschaft trotz Hilfeleistung nicht die Aufgabe zu erfüllen vermag, wird die größere zuständig. Hierbei wird vorausgesetzt, daß die im Subsidiaritätsprinzip enthaltene materiale Hilfepflicht vor der formalen Zuständigkeitsregelung kommt, denn Hilfe kommt für die kleinere Einheit zu spät, wenn ihr sogleich die Zuständigkeit entzogen wird.

[130] Vgl. *Küchenhoff,* Günther, Subsidiarität, DB 1963, S. 766: „So haben Tarifpartner zwar die Aufgabe, die Arbeitsbedingungen in einem Wirtschaftsbereich möglichst einheitlich zu gestalten und den Mangel an Überblick oder Macht den einzelnen durch die Einsicht und Kraft der Verbände zu ergänzen;" vgl. auch ders., Verbandsautonomie, Grundrechte und Staatsgewalt, ArbuR 1963, S. 321 ff. (326); ders., Einwirkung des Verfassungsrechts auf das Arbeitsrecht, RdA 1969, S. 97 ff. (insbes. 103 f.).

[131] Vgl. zur materialen Hilfepflicht der jeweils umfassenderen Gesellung *Küchenhoff,* Günther, Subsidiarität, DB 1963, S. 765.

[132] So *Küchenhoff,* Günther, Prinzip, RdA 1959, S. 203: „Diese Feinheit des Subsidiaritätsprinzips besteht in seiner Fähigkeit, sich ... anzupassen und den Staat dort — aber in scharfer Begrenzung nur dort! — als Helfer auftreten zu lassen, wo er gebraucht wird, ja unentbehrlich ist, während seine Hilfe und damit seine Zuständigkeit dort sofort entfallen, wo der Mensch allein oder in der betrieblichen Verbundenheit sich selbst zu helfen vermag."

[133] Vgl. oben, S. 39.

bb) Der Grundrechtsschutz gegenüber rechtsgeschäftlich erzeugten Tarifnormen

Nach ganz überwiegender Meinung in Rechtsprechung[134] und Lehre[135], ist eine Bindung der Tarifnormen an die Grundrechte der Verfassung zu bejahen. Die herrschende Lehre begründet diese Ansicht wie folgt: Bei den Tarifnormen handelt es sich um Sätze des objektiven Rechts, um Gesetze im materiellen Sinn. Sie sind daher gem. Art. 1 Abs. III GG unmittelbar an die Grundrechte der Verfassung gebunden.

Praktische Bedeutung erhielt die Frage der Grundrechtsbindung insbesondere durch das Streben nach Lohngleichheit für Mann und Frau[134]. Aber auch in anderen Fällen, etwa hinsichtlich Art. 6 GG (hier insbes. gegenüber sogenannten Zölibatsklauseln für weibliche Arbeitnehmer), bezüglich der Berufsfreiheit, der Koalitionsfreiheit, der Glaubens- und Gewissensfreiheit und der allgemeinen Persönlichkeitsrechte, innerhalb der bestehenden Schranken auch der Pressefreiheit und der Eigentumsgarantie kann die Bindung der Tarifnormen an die Grundrechte Bedeutung erlangen[136].

Es stellt sich nun die Frage, ob der Grundrechtsschutz auch gegenüber rechtsgeschäftlich erzeugten Tarifnormen gewährleistet ist. Die Frage ist zu bejahen. Zwar läßt sich dann die Grundrechtsbindung nicht direkt auf Art. 1 Abs. III GG stützen. Sie läßt sich aber unschwer über die *Drittwirkung* der Grundrechte[137] erreichen[138]. Nach herrschender Meinung[139] binden nämlich die Grundrechte als „fundamentale Aussagen über die Wertentscheidungen einer Rechtsgemeinschaft"[140] nicht nur den Gesetzgeber, sondern sie sind vom gesamten Rechtsleben zu

---

[134] Grundlegend vgl. BAG AP Nr. 4 zu Art. 3 GG; vgl. auch BayVerfGH BayVBl. 71, 263 und die dortigen Angaben.
[135] Vgl. zu der sehr reichhaltigen Literatur die Angaben bei *Hueck-Nipperdey*, Lehrbuch II, S. 373, Anm. 12.
[136] Vgl. hierzu im einzelnen *Hueck-Nipperdey*, Lehrbuch II, S. 373 ff.
[137] Vgl. *Küchenhoff*, Günther, Kapitel: Dienstvertrag, in: Erman, Kommentar zum BGB, vor § 611 4 a; ders., Freiheit und Verantwortung, S. 14; ders. und *Küchenhoff*, Erich, Allgemeine Staatslehre, 7. Aufl., Stuttgart, Berlin, Köln, Mainz 1971, S. 54 ff.; *Laufke*, Franz, Vertragsfreiheit und Grundgesetz, in: Festschrift für Heinrich Lehmann, Bd. I, Berlin, Tübingen, Frankfurt 1956, S. 145 ff. (insbes. S. 155).
[138] Vgl. grundlegend für Drittwirkung im Arbeitsrecht *Nipperdey*, Hans-Carl, Gleicher Lohn der Frau für gleiche Leistung, RdA 1950, S. 121 ff.; ders., Grundrechte und Privatrecht, Krefeld 1961.
[139] Streit herrscht noch hinsichtlich der Begründung der Drittwirkung; vgl. hierzu *Heide*, Karin, Die Einwirkungen des Verfassungsrechts auf das Tarifvertragsrecht, Diss. jur. Würzburg 1969, S. 89 ff.; ablehnend etwa *v. Mangoldt-Klein*, Das Bonner Grundgesetz, Bd. I, Berlin und Frankfurt 1957, S. 61 ff.
[140] *Mayer-Maly*, Theo, Hauptprobleme des deutschen und des österreichischen Tarifvertragsrechts, in: ders., (Hrsg.), Kollektivverträge, S. 162.

respektieren[141]. Mithin ergibt sich eine Bindung an die Grundrechte auch gegenüber Machtträgern des Privatrechts[142]. Tarifverträge üben gegenüber den Tarifgebundenen eine Macht aus, der sie sich unterworfen haben und die für sie weitgehend die Macht des Staates vertritt[143]. Daß die Wirkung der Tarifnormen weitgehend auf der vorhergehenden Unterwerfung der Verbandsmitglieder beruht, ist in diesem Zusammenhang ohne Bedeutung, denn auch eine auf freiwilliger Basis beruhende Übermacht kann nicht unbegrenzt sein, auch sie bedarf der Beschränkung.

3. Zusammenfassung und Ergebnis

Zusammenfassend läßt sich also zu den Rechtssatztheorien folgendes feststellen:

(1) Eine originäre Rechtsetzungsbefugnis der Tarifverbände kann nicht angenommen werden.

(2) Es ist also abzugrenzen zwischen der Delegationstheorie und der Lehre von den Tarifnormen als rechtsgeschäftliche Normen.

   (a) Hierbei ist keine Entscheidung möglich aufgrund folgender Gesichtspunkte:

   (aa) Der Gedanke der *Autonomie;* es hat sich gezeigt, daß nach beiden zur Entscheidung anstehenden Meinungen die Bildung der Tarifnormen auf der Autonomie der Koalitionen beruhen. Dies erklärt aber nur deren *Geltungsgrundlage,* nicht jedoch die Art ihrer *Rechtserzeugung* aufgrund hoheitlicher Delegation oder als rechtsgeschäftliche Normen.

   (bb) Die Bezeichnung *„Rechtsnormen"* im Tarifvertragsgesetz. Nach wohl überwiegender Meinung ist die Erzeugung von Rechtsnormen auch durch *Rechtsgeschäft* möglich; daher ist dieses Kriterium zur Abgrenzung ungeeignet.

   (cc) Die *unmittelbare* und *zwingende* Wirkung der Tarifnormen. Eine Entscheidung aufgrund dieser Eigenschaft der Tarifverträge, die aufs engste mit deren Normenqualität zusammenhängt, ist ebenfalls nicht möglich, da sich gezeigt hat, daß sich auch im Bereich der Rechtsgeschäfte Fälle mit heteronomen Zügen nachweisen lassen.

---
[141] Vgl. ebenda, S. 162.
[142] Vgl. *Küchenhoff,* Günther und Erich, Allgemeine Staatslehre, S. 56 f.
[143] Vgl. *Hueck-Nipperdey,* Lehrbuch II, 374.

(dd) Die *Gemeinwohlidee*. Der Versuch einer Einordnung mit Hilfe des Gemeinwohlgedankens scheitert daran, daß die Tarifverbände Gruppeninteressen repräsentieren, die mit öffentlichen Interessen übereinstimmen *können*, aber nicht notwendigerweise *müssen*.

(b) Beide Meinungen scheinen gleichberechtigt nebeneinander zu stehen[144]. Dann stellt sich aber die Frage nach der Systemkonformität eines als rechtsgeschäftliche Normbildung verstandenen Tarifvertrags:

(aa) Rechtsgeschäftlich erzeugte Tarifnormen sind mit dem Grundsatz staatlicher *Subsidiarität* vereinbar.

(bb) Gegenüber rechtsgeschäftlich erzeugten Tarifnormen ist *Grundrechtschutz* möglich aufgrund der Drittwirkung der Grundrechte.

(c) Es ergibt sich folgendes Ergebnis:

Aus theoretischer Sicht vermögen sowohl die Delegationstheorie als auch die Lehre vom Tarifvertrag als rechtsgeschäftliche Norm das Wesen der Tarifnormen, deren unmittelbare und zwingende Wirkung, sowie deren Charakter als Rechtsnormen zu erklären. Stellt man aber vom Standpunkt der Praktikabilität her die Frage, welcher der beiden Erklärungsversuche vorzuziehen ist, so muß die Antwort zugunsten der Delegationstheorie ausfallen.

Denn, wenn auch die Theorie die Entscheidung zwischen den beiden Meinungen offenläßt — aus pragmatischer Sicht spricht ein ausschlaggebendes Argument für die Delegationstheorie, nämlich deren praktische Bewährung. Die Lehre von den Tarifnormen als staatlich delegierte Rechtsetzung hat als bisher ganz überwiegend vertretene, bereits bis in feine Details entwickelte Meinung sich in ungezählten Anwendungsfällen bewährt[145] und gezeigt, daß sich mit ihr auch in der Praxis arbeiten läßt.

Man sollte also — im Hinblick darauf, daß eine theoretisch mögliche Lösung nicht ohne weiteres auch die aus praktischer Sicht richtige ist, sondern vielmehr erst eingehender Diskussion unter Gesichtspunkten

---

[144] Offengelassen wird die Frage in der Entscheidung des Bayerischen Verfassungsgerichtshofs vom 6. 5. 1971, BayVBl 1971, S. 262 ff. (264): „Selbst wenn man mit der h. M. in Rechtsprechung und Schrifttum die Tarifnormen als objektives, kraft staatlicher Delegation gesetztes Recht begreift, ...".
[145] Vgl. hierzu die zahlreichen Entscheidungen des Bundesarbeitsgerichts unter Zugrundelegung der Delegationstheorie.

der Praktikabilität, der Einzelfallgerechtigkeit und der sozialen Folgen bedürfte[146] — weiterhin der Delegationstheorie den Vorzug geben. Aber man sollte sich immer vor Augen halten, daß diese Lösung nicht länger unangefochten und daß sie aus theoretischer Sicht nicht die einzig mögliche ist[147].

---

[146] Vgl. *Adomeit, K.,* Zur Rechtstheorie, ZfA 1971, S. 418.
[147] Vgl. hierzu *Zöllner, W.,* Das Wesen der Tarifnormen, RdA 1964, S. 446: „Wir sollten zwar die h. L. vertreten, aber wir sollten es mit schlechtem Gewissen tun ..."

Zweiter Teil

Der Rechtscharakter der Allgemeinverbindlicherklärung

Der erste Teil dieser Arbeit war der Untersuchung der rechtlichen Natur des Tarifvertrags gewidmet.

Hierauf aufbauend soll nun im zweiten Teil die Frage nach dem Rechtscharakter der Allgemeinverbindlicherklärung (AVE) gestellt werden. Da die Rechtsnatur des Tarifvertrags für die des allgemeinverbindlich erklärten Tarifvertrags nicht gleichgültig kein kann[1], muß also versucht werden, aus dem Wesen des Tarifvertrags heraus die AVE zu verstehen.

Der Streit um das Wesen der AVE ist fast so alt wie das Rechtsinstitut selbst. Es bildeten sich schon vor der Unterbrechung der Diskussion in der nationalsozialistischen Ära zwei Hauptrichtungen heraus: die Gesetzestheorien und die Vertragstheorien[2].

Auch der Erlaß des Tarifvertragsgesetzes brachte kein Ende des Streites, sondern nur eine Verschiebung in der Diskussion.

Als die beiden hauptsächlich vertretenen Meinungen bildeten sich nun die Theorien von der AVE als Verwaltungsakt einerseits und als Rechtsverordnung andererseits heraus.

Jede der beiden Meinungen hat ihre Vorteile, jede bietet Ansatzpunkte zu gewichtiger Kritik. Die Argumentation war schließlich auf beiden Seiten ziemlich erschöpfend behandelt, ohne daß eine überzeugende Lösung gefunden worden wäre.

Als den Versuch, die unüberbrückbar scheinenden Gegensätze zu überwinden, brachten *Nipperdey-Heussner* die Lehre von der Doppelnatur der AVE in die Diskussion[3]. Hiernach sei die AVE gegenüber den

---

[1] Vgl. dazu *Wertenbruch*, Zur Rechtsnatur der Allgemeinverbindlicherklärung, RdA 1959, S. 67.
[2] Vgl. hierzu *Hueck-Nipperdey*, Lehrbuch II, § 34 III (S. 664 ff.) und die dort zitierte Literatur. Auf ein näheres Eingehen auf diesen überholten Meinungsstreit kann jedoch m. E. verzichtet werden.
[3] Vgl. *Nipperdey-Heussner*, Die Rechtsnatur der Allgemeinverbindlicherklärung von Tarifverträgen, in: Staatsbürger und Staatsgewalt, Jubiläumsschrift zum hundertjährigen Bestehen der deutschen Verwaltungsgerichtsbarkeit, Bd. I, Karlsruhe 1963, S. 211 ff.

Außenseitern ein Akt der Rechtsetzung, gegenüber den Tarifparteien aber ein Verwaltungsakt.

Die Frage nach der Rechtsnatur der AVE ist nicht nur von theoretischem Interesse, sondern wegen ihrer Konsequenzen für den Rechtsschutz auch von erheblicher praktischer Bedeutung.

Handelt es sich nämlich bei der AVE um einen Verwaltungsakt, so kann gegen sie durch Anfechtung auf dem Verwaltungsrechtsweg vorgegangen werden. Nicht allein die Verwaltungsgerichte haben sich jedoch mit fehlerhaften Allgemeinverbindlichkeitserklärungen zu befassen, sondern im Rahmen der Inzidentkontrolle auch die Arbeitsgerichte[4].

Die Lage wurde dadurch weiter kompliziert, daß die obersten Gerichte zur Frage der Rechtsnatur der AVE vorübergehend verschiedene Stellungen bezogen. Während nämlich das Bundesverwaltungsgericht die Ansicht vertrat, eine Anfechtung der AVE auf dem Verwaltungsrechtsweg sei nicht möglich[5], ließ das Bundesarbeitsgericht die Frage offen, meldete aber Bedenken gegen die Ansicht des obersten Verwaltungsgerichts an[6, 7]. Inzwischen hat sich aber auch das Bundesarbeitsgericht, jedenfalls hinsichtlich der Außenseiter, der Rechtssatztheorie angeschlossen[8].

Im folgenden soll nun untersucht werden, welche der zur Rechtsnatur der AVE vertretenen Meinungen den Vorzug verdient.

Den Anfang soll hierbei die vor kurzem noch herrschende Ansicht machen, die in der AVE einen Verwaltungsakt erblickt (Verwaltungsakt-Theorien)[9].

---

[4] Vgl. zur Frage des Rechtsschutzes eingehend ebenda, S. 211 f.; *Gumpert*, Jobst, Nachprüfung der Allgemeinverbindlicherklärung von Tarifverträgen durch Arbeitsgerichte oder Verwaltungsgerichte, BB 1959, S. 271.
[5] Vgl. BVerwGE 7, 82 = AP Nr. 6 zu § 5 TVG; BVerwGE 7, 188 = AP Nr. 7 zu § 5 TVG.
[6] Vgl. BAGE 7, 106 (117); BAG AP Nr. 11 zu § 5 TVG.
[7] Vgl. hierzu auch *Nipperdey-Heussner*, Rechtsnatur, S. 212.
[8] BAG AP Nr. 12 zu § 5 TVG (m. Anm. von A. *Hueck*) = DB 65, 858 ff.; BAG AP Nr. 2 zu § 4 TVG Ausgleichskasse.
[9] Zur Terminologie vgl. etwa *Dellmann*, Hansjörg, Die Allgemeinverbindlicherklärung von Tarifverträgen — Staatliche Rechtsetzung oder Mitwirkung des Staates im Rahmen erweiterter Autonomie der Sozialpartner? Diss. jur. Köln 1966, S. 18, Anm. 1.

Erster Abschnitt

Die Verwaltungsakt-Theorien

Innerhalb der Theorien, die die AVE als Verwaltungsakt betrachten[10], lassen sich bemerkenswerte Unterschiede erkennen. Insbesondere gilt dies bezüglich der Adressaten der AVE. Während nämlich eine Gruppe von Autoren als Adressaten der AVE die Tarifvertragsparteien (bzw. den Tarifvertrag selbst) betrachtet, kommen für andere sowohl die Tarifvertragsparteien als auch die sog. Außenseiter in Betracht. Einer dritten Meinung zufolge schließlich wendet sich die AVE ausschließlich an die Außenseiter.

Da sich Argumente und Gegenargumente erheblich unterscheiden, je nachdem, wer als Adressat der AVE betrachtet wird, erscheint es sinnvoll, die einzelnen vertretenen Meinungen nach diesem Gesichtspunkt zu ordnen und in der entsprechenden Reihenfolge zu erörtern.

---

[10] Für die AVE als Verwaltungsakt vgl. *Auffahrt*, Anfechtbarkeit und Rechtsnatur der Allgemeinverbindlicherklärung von Tarifverträgen, BArbBl. 1957, S. 756 ff.; *Dersch*, Hermann, Die Bedeutung der Verwaltungsakte in der neueren Entwicklung des Arbeitsrechts und der Sozialversicherung, in: Festschrift für H. C. Nipperdey zum 60. Geburtstag, München und Berlin 1955, S. 215 ff.; ders., in: Kaskel-Dersch, Arbeitsrecht, 5. Aufl., Berlin, Göttingen, Heidelberg 1957, S. 97; *Dersch-Volkmar*, Kommentar zum ArbGG, 6. Aufl., Berlin und Frankfurt 1955, § 1, Rdn. 102; *Gumpert*, Jobst, Rechtsmittel gegen die Allgemeinverbindlicherklärung von Tarifverträgen, BB 1954, S. 261 ff.; *Hessel*, Philipp, Die Rechtsnatur der Allgemeinverbindlicherklärung, BB 1956, S. 790 ff.; *Herschel*, Wilhelm, Zur Rechtsnatur der Allgemeinverbindlicherklärung eines Tarifvertrags, RdA 1959, S. 361 ff.; ders., Zur Rechtsnatur der Allgemeinverbindlicherklärung von Tarifverträgen, in: Sozialreform und Sozialrecht, Festschrift für Walter Bogs, Berlin 1959, S. 125 ff.; *Huber*, E.-R., Wirtschaftsverwaltungsrecht, Bd. II, S. 449 f.; *Hueck-Nipperdey*, Lehrbuch II, 6. Aufl., 1957, S. 471 f.; *Hueck-Nipperdey-Tophoven*, TVG 3. Aufl., 1955, § 5, Rdn. 42; *Kirchner*, Dieter, Die Grenzen der Staatsgewalt bei der Allgemeinverbindlicherklärung von Tarifverträgen, Diss. jur., Köln 1959, etwa S. 119; ders., Die richterliche Nachprüfbarkeit der Allgemeinverbindlicherklärung, ArbuR 1959, S. 336 ff.; *v. Köhler*, Ist eine Allgemeinverbindlicherklärung anfechtbar?, DVBl. 1956, S. 712 ff.; *Maus*, Wilhelm, Handbuch des Arbeitsrechts, 2. Aufl., Frankfurt, VII B S. 250; ders., TVG Kommentar, Göttingen 1956, § 5, Rdn. 91 ff.; *Nikisch*, A., Arbeitsrecht, S. 493 ff.; *Nipperdey*, Hans Carl, Das Tarifvertragsgesetz des vereinigten Wirtschaftsgebiets, RdA 1949, S. 81 ff. (88); *Romberg*, W., Allgemeinverbindlicherklärung von Tarifverträgen und Grundgesetz, AöR 77, S. 110 f.; *Schmidt-Rimpler* u. a., „Bonner Gutachten", AöR 76, 189 f.; *Sieg*, Karl, Der Tarifvertrag im Blickpunkt des Zivilrechts, AcP 151, 246 ff. (259); *Sitzler*, Friedrich, ArbRBl. Tarifvertrag X; *Tophoven*, E., Anm. zu AP Nr. 6 zu § 5 TVG.

1. Kapitel: Die Allgemeinverbindlicherklärung als Verwaltungsakt gegenüber den Tarifvertragsparteien

I. Die Lehre von der erweiterten Autonomie der Verbände

A. Darstellung

Als erster Versuch zur Erklärung der rechtlichen Natur der AVE soll die Ansicht von Walter *Bogs* betrachtet werden[11]. Ausgangspunkt hierzu ist für *Bogs* die Lehre von der erweiterten Autonomie der Verbände. Es ist deshalb erforderlich, etwas weiter ausholend, kurz auf diese Konstruktion von *Bogs* einzugehen. Kernstück der Gedanken von W. *Bogs* ist der Begriff der Autonomie. Tarifvertragliche Regelung sei Ausfluß autonomer Rechtsetzungsbefugnis der Tarifverbände.

Das Besondere an dieser Lehre ist nun, daß *Bogs* den Wirkungskreis der Tarifautonomie nicht auf die Verbandsmitglieder beschränkt wissen will. Diese Abgrenzung des persönlichen Geltungsbereichs sei vielmehr zu eng[12]. Es müsse die heute häufig anzutreffende Unterstellung des Einzelwillens unter die Macht des Verbandes berücksichtigt werden[13], mit der Folge, daß das Individuum auch dann der Rechtsetzungsmacht eines Verbandes unterworfen sein könne, wenn es diesem Verband nicht angehöre[14].

Genau dies liege im Fall der Tarifautonomie vor. Die Tarifvertragsparteien hätten von vorneherein den Willen, „die Arbeitsbedingungen (im weitesten Sinne) für den ganzen Berufskreis, auf den sich der Tarifvertrag nach seinem sachlichen Geltungsbereich bezieht, zu ordnen"[15]. Dem habe der Gesetzgeber durch Verleihung der Rechtsetzungs-

---

[11] Begründet wurde die Lehre von der erweiterten Autonomie der Verbände von Walter *Bogs*, vgl. dessen Aufsatz: Zur Entwicklung der Rechtsform des Tarifvertrags, in: Festschrift für Julius v. Gierke, Berlin 1950, S. 39 ff. (59 ff.); ders., Autonomie und verbandliche Selbstverwaltung im modernen Arbeits- und Sozialrecht, RdA 1956, S. 1 ff., insbes. S. 4 f. Der Gedanke wurde von Wilhelm *Herschel* aufgegriffen, vgl. ders., Rechtsnatur, und zu seiner Lehre von der Verleihung absoluter Tarifmacht ausgebaut; vgl. hierzu unten S. 62 ff. Auch *Nipperdey-Heussner* stützen sich bei ihrer Lehre von der Doppelnatur der AVE auf den Gedanken einer erweiterten Autonomie der Verbände, gelangen dann aber zu einem anderen Ergebnis, nämlich daß die AVE bezüglich der Außenseiter gerade kein Verwaltungsakt sei. Vgl. auch *Maus*, Wilhelm, Beteiligung von Ausschüssen an Verwaltung und Normsetzung im Arbeitsrecht, in: Sozialreform und Sozialrecht, Festschrift für Walter Bogs, S. 169 ff., insbes. S. 180, Anm. 20; *Dellmann*, Hansjörg, Allgemeinverbindlicherklärung von Tarifverträgen und erweiterte Autonomie, ArbuR 1967, S. 138 ff.; ders., Die Allgemeinverbindlicherklärung, insbes. S. 77 ff.
[12] Vgl. *Bogs*, W., Entwicklung, S. 60.
[13] Vgl. ebenda, S. 60.
[14] Vgl. ebenda, S. 60.
[15] So ebenda, S. 60 unter Berufung auf *Lotmar* und *Sinzheimer*.

befugnis auch für Außenseiter — jedenfalls für betriebliche und betriebsverfassungsrechtliche Fragen im Rahmen des § 3 Abs. II TVG entsprochen[16].

Aufbauend auf diesen Grundgedanken einer erweiterten Autonomie der Verbände betrachtet *Bogs* dann die AVE folgerichtig als eine Art Bestätigungsakt, durch den der schon im Tarifvertrag zum Ausdruck gekommene Rechtsetzungswille der Verbände auch gegenüber den Außenseitern in Kraft gesetzt werde[17]. Ihrer Natur nach sei die AVE ein Verwaltungsakt; *Bogs* zieht hierbei als Parallele die Bestätigung einer autonomen Satzung heran. Auch diese sei ein Verwaltungsakt[18].

„Durch das Erfordernis staatlicher Bestätigung wird die Autonomie zwar eingeschränkt, aber nicht aufgehoben[19]." Auch sei die AVE in gleicher Weise wie die Bestätigung an den Inhalt der autonomen Regelung gebunden. Inhaltsänderungen seien also nicht möglich, wohl aber die Aufhebung der AVE in gleicher Weise, wie die einer Bestätigung[20].

B. Kritik und Ablehnung

Auch wenn zuzugeben ist, daß *Bogs* mit der Lehre von der erweiterten Autonomie der Verbände „ein Denkmodell von großer Kraft"[21] geschaffen hat, kann dieser seiner Ansicht dennoch nicht gefolgt werden[22].

1. Erweiterte Autonomie ist nicht mit dem Verbandsprinzip zu vereinbaren

Zum einen widerspricht die Annahme einer erweiterten Autonomie dem *Verbandsprinzip (Mitgliedschaftsprinzip)*, das in der Vereinsnatur der Tarifverbände wurzelt und deren Tätigkeiten grundsätzlich auf die Mitglieder beschränkt. Das geht ganz eindeutig aus dem ursprüng-

---

[16] Vgl. ebenda, S. 61.
[17] Vgl. ebenda, S. 62.
[18] Vgl. ebenda, S. 62.
[19] *Bogs*, W., Entwicklung, S. 62 unter Berufung auf Otto *v. Gierke*, Deutsches Privatrecht, Bd. I., S. 157: „Das bestätigte Statut bleibt Statut und wird nicht Gesetz."
[20] Vgl. *Bogs*, W., Entwicklung, S. 63.
[21] *Zöllner*, Wolfgang, Die Rechtsnatur der Allgemeinverbindlicherklärung von Tarifverträgen, DB 1967, S. 334 ff. (335, Anm. 18).
[22] Zur Kritik an dieser Lehre vgl. etwa ebenda, S. 335; ders., Tarifmacht und Außenseiter, RdA 1962, S. 453 ff. (457 f.); desgl. *Nikisch*, A., Arbeitsrecht, S. 490 f.; *Spanner*, Hans, Wieder einmal: Zur Rechtsnatur der Allgemeinverbindlicherklärung von Tarifverträgen, DöV 1965, S. 154 ff. (156); *Bettermann*, Karl-August, Rechtssetzungsakt, Rechtssatz und Verwaltungsakt, in: Festschrift für H. C. Nipperdey, Bd. II, S. 723 ff. (735).

lichen Wesen der Verbände, insbes. der Gewerschaften, als Selbsthilfeorganisationen hervor.

Dagegen könnte eingewendet werden, daß sich der Charakter der Tarifverbände mit der Entwicklung unseres Staates verändert habe, daß die Verbände also ihren Selbsthilfecharakter verloren hätten und in neue Aufgaben hineingewachsen wären.

Hiergegen spricht aber wiederum ganz eindeutig die Haltung speziell der Gewerkschaften bei der Auseinandersetzung um die Tarifausschlußklauseln. Es ging ihnen hierbei gerade nicht darum, die Arbeitsbedingungen für alle, die es angeht, zu regeln; vielmehr sollten die von „ihnen, vielleicht erst nach harten Kämpfen, durchgesetzten Arbeitsbedingungen ihren Mitgliedern vorbehalten"[23] sein — die übrigen Arbeitnehmer sollten schlechter gestellt werden. Von einem über den Verband hinausgreifenden Rechtsetzungswillen für alle ihrem sachlichen Geltungsbereich Angehörigen kann also, jedenfalls in dem von *Bogs* angenommenen Ausmaß, keine Rede sein.

2. Die Annahme einer erweiterten Autonomie widerspricht dem Grundsatz der negativen Koalitionsfreiheit

Ferner läßt sich die Annahme einer autonomen Rechtsetzungsbefugnis der Tarifverbände auch bezüglich der Außenseiter, wie die Lehre von der erweiterten Autonomie der Verbände sie vorsieht, mit dem Grundsatz der negativen Koalitionsfreiheit nicht vereinbaren.

Die h. L.[24] und das Bundesverfassungsgericht[25] sehen die negative Koalitionsfreiheit in Art. 9 Abs. III GG garantiert; sie sei „das durch Art. 9 III GG notwendigerweise mitgeschützte Korrelat zur positiven Koalitionsfreiheit"[26].

Nipperdey dagegen leitet die negative Koalitionsfreiheit aus einer Gegenüberstellung der im GG geschützten allgemeinen Handlungsfreiheit des einzelnen mit der ebenfalls geschützten Handlungsfreiheit der Koalitionen und deren gegenseitiger Beschränkung her[27].

Es kann darauf verzichtet werden, auf diese Frage näher einzugehen, da nach beiden Meinungen die Annahme einer autonomen Rechtset-

---

[23] *Nikisch*, A., Arbeitsrecht, S. 491.
[24] Vgl. die Literaturzusammenstellung bei *Hueck-Nipperdey*, Lehrbuch II, S. 155; vgl. außerdem *Mayer-Maly*, Theo, Die negative Koalitionsfreiheit am Prüfstein, ZAS 1969, S. 81 ff. insbes. S. 84 ff.
[25] Vgl. BVerfGE 10, 102.
[26] *Hueck-Nipperdey*, Lehrbuch II, S. 155.
[27] Vgl. *Hueck-Nipperdey*, Lehrbuch II, S. 159 ff.; ähnlich *Galperin*, Hans, Inhalt und Grenzen des kollektiven Koalitionsrechts, ArbuR 1965, S. 1 ff. (6 f.).

zungsbefugnis der Verbände über die Außenseiter i. S. einer erweiterten Autonomie mit der negativen Koalitionsfreiheit unvereinbar wäre.

Ein durch Art. 9 Abs. III GG geschütztes Recht darauf, einer Koalition auch fernbleiben zu können, würde zur Illusion, wenn die Verbände i. S. einer erweiterten Autonomie sowieso die Arbeitsbedingungen auch der Nicht-Organisierten mitbestimmen würden. Das anerkanntermaßen geschützte Recht des einzelnen, sich keiner Koalition anschließen zu müssen und seine Arbeitsbedingungen selber zu vereinbaren, würde völlig ausgehöhlt.

Aber auch mit *Nipperdeys* Begründung der negativen Koalitionsfreiheit kommt man zum selben Ergebnis. Die durch Art. 9 Abs. III GG „im Kernbereich gewährleistete Tarifmacht"[28] der Koalitionen ist nach seiner Meinung auf den Kreis ihrer Mitglieder beschränkt.

Das Recht der Koalitionen zur Normsetzung „kann aber — von den gesetzlich ausdrücklich zugelassenen Ausnahmen abgesehen — nicht über ihren Mitgliederbereich hinausgehen"[29]. Und: „Die Tarifparteien können ... keine Vereinbarung treffen, die die Außenseiter unmittelbar oder mittelbar beeinträchtigen, d. h. hier es ihnen praktisch unmöglich machen, mit tarifgebundenen Arbeitgebern dem Tarif entsprechende Arbeitsbedingungen zu vereinbaren[30, 31]." Um so weniger können die Tarifpartner den Nicht-Gebundenen die freie Vereinbarung der Arbeitsbedingungen überhaupt unmöglich machen, ohne die negative Koalitionsfreiheit völlig auszuhöhlen.

3. Eine erweiterte Autonomie ist im Gesetz nicht vorgesehen

Im übrigen lassen sich für die Annahme einer erweiterten Autonomie keinerlei gesetzliche Anhaltspunkte, geschweige denn gar eine gesetzliche Festlegung finden. Wenn von den Befürwortern einer erweiterten Autonomie auf §§ 3 Abs. II und III TVG sowie § 4 Abs. II TVG hingewiesen wird[32], so bedeutet dies eine Umkehrung des Regel-Ausnahme-Prinzips. Die Regel ist doch die Beschränkung der Verbandgewalt auf die Mitglieder — wenn dann in §§ 3 Abs. II, III und 4 TVG „a u s - n a h m s w e i s e (im Original gesperrt, der Verf.) und ausdrücklich die Möglichkeit der Ausdehnung des Geltungsbereichs einer tarifver-

---
[28] *Hueck-Nipperdey*, Lehrbuch II, S. 167.
[29] Ebenda, S. 167.
[30] *Hueck-Nipperdey*, Lehrbuch II, S. 168.
[31] Solche Sätze stehen allerdings in einem kaum zu erklärenden Widerspruch zu der von *Nipperdey* bei *Nipperdey-Heussner*, Rechtsnatur, vertretenen Theorie von der Doppelnatur der AVE, die er ausdrücklich auf die „erweiterte Autonomie der Verbände" stützt.
[32] Vgl. *Nipperdey-Hessner*, Rechtsnatur, S. 223.

traglichen Regelung auch auf Außenseiter vorgesehen ist"[33] so ist darin doch die Ausnahme und nicht die Regel zu sehen[34].

Der Lehre von der erweiterten Autonomie der Verbände kann also nicht gefolgt werden. Damit verliert aber auch die Meinung von Walter *Bogs* hinsichtlich der Rechtsnatur der AVE ihre Beweiskraft.

II. Die Lehre von der AVE als Verleihung zusätzlicher absoluter Sondertariffähigkeit

A. Darstellung

Einen weiteren Versuch, die Rechtsnatur der AVE zu erklären, unternimmt Wilhelm *Herschel*[35]. Er geht zunächst davon aus, daß von der autonomen Normsetzung grundsätzlich nur die Verbandsangehörigen erfaßt würden[36]; an sie wende sich „in erster Linie der in der Autonomie sich betätigende gemeinsame und bekundete Wille der organisierten Einheit"[37]. Dies schließe jedoch die Möglichkeit einer „externen Rechtsgeltung"[38], also eine „Außenwirkung autonomer Satzungen"[39] nicht aus. Eine solche „Außenwirkung" komme in mehreren Graden vor, als „unechte" und als „echte Außenwirkung" — um letztere handle es sich bei der erweiterten Autonomie[40].

Die Autonomie der Tarifvertragsparteien hat im übrigen für *Herschel* originären Charakter; den Gedanken einer staatlichen Delegation lehnt er ab[41]. Dies wird ganz deutlich etwa in dem Satz: „... daß der Tarifvertrag ... (nicht[42]) auf staatlichen Krücken einhergeht, daß er vielmehr letztlich im außerstaatlichen Raum wurzelt[43]." Die Tarifautonomie sei jedoch vom Staat anerkannt.

Weiter versucht *Herschel* zu belegen, daß die Tarifvertragsparteien die nach seiner Meinung grundsätzlich mögliche Außenwirkung tatsächlich anstreben. Die Verbände würden „... letztlich eine Ordnung

---

[33] *Spanner*, H., Rechtsnatur, S. 156.
[34] So auch ebenda, S. 156.
[35] Vgl. *Herschel*, Rechtsnatur, S. 125 ff.
[36] Vgl. ebenda, S. 128.
[37] Ebenda, S. 128.
[38] Ebenda, S. 128; vgl. zum Begriff der externen Rechtsgeltung *Husserl*, Gerhart, Rechtskraft und Rechtsgeltung, Bd. I, Berlin 1925, S. 35.
[39] *Herschel*, W., Rechtsnatur, S. 128.
[40] Vgl. ebenda, S. 128 f.
[41] Vgl. ebenda, S. 130 f.
[42] Das in Klammern gesetzte Wörtchen „nicht" fehlt im Original; es kann sich hierbei — wie aus dem Zusammenhang deutlich hervorgeht — nur um ein Versehen handeln.
[43] Ebenda, S. 131.

1. Kap.: AVE als VA gegenüber den Tarifvertragsparteien

erstreben, die jeden erfaßt, den es angeht"[44]. Dies komme schon in Art. 165 Abs. I Satz 1 WeimRV zum Ausdruck, im übrigen sei es der umfassenden Ordnungsfunktion der Verbände immanent.

Nun sei aber die Tarifmacht bezüglich ihrer Bindungswirkung grundsätzlich relativ, binde sie doch laut Gesetz grundsätzlich nur die Verbandsangehörigen. Tarifmacht könne grundsätzlich nur wirksam werden, soweit beiderseits Tarifgebundene vorhanden seien[45]. Daneben gebe es jedoch Fälle der Verleihung zusätzlicher absoluter Tarifmacht — verliehen durch Verwaltungsakt aufgrund gesetzlicher Ermächtigung[46].

Beispiele dafür seien § 20 Abs. III BetrVerfG[47] und die AVE. In diesen Fällen werde von dem Normativsystem, das bei uns der Tariffähigkeit zugrunde gelegt sei, für die Verleihung zusätzlicher Tarifmacht auf ein Konzessionssystem übergegangen[48].

Der Sonderfall des § 20 Abs. III BetrVerfG a. F. bedeute nichts anderes, als eine „(nachträgliche) Erweiterung der Tarifmacht, als die (nachträgliche) Verleihung einer zusätzlichen Sondergeschäftsfähigkeit an die Tariffähigen"[49].

Eine gem. § 20 Abs. III BetrVerfG a. F. im Tarifvertrag getroffene Regelung sei zunächst schwebend unwirksam, weil die normale Tarifmacht der Verbände für eine so weitgehende Regelung nicht ausreiche. Erst die Genehmigung der in § 20 Abs. III BetrVerfG a. F. genannten Arbeitsbehörde gebe „den Tariffähigen unter Erweiterung ihres sonstigen rechtlichen Könnens die Macht ..., Normen mit besonderem Inhalt und besonderer Wirkung zu schaffen"[50]. Den Tarifverbänden werde insofern eine zusätzliche Sondertariffähigkeit eingeräumt[51]. Ganz ähnlich sei die AVE von Tarifverträgen zu verstehen. Auch hierbei werde die Begrenzung der Tarifmacht auf die Verbandsangehörigen durch eine besondere Konzession — einen Verwaltungsakt — aufgehoben[52], die

---
[44] *Herschel*, W., Rechtsnatur, S. 132 unter Hinweis auf *Bogs*, W., Entwicklung, S. 60, *Lotmar* und *Sinzheimer*.
[45] Vgl. *Herschel*, W. Rechtsnatur, S. 133.
[46] Vgl. ebenda, S. 133/134.
[47] Herschel bezieht seine Ausführungen auf das BetrVerfG a. F. vom 11. Okt. 1952. In der Neufassung vom 10. Nov. 1971 wird die Errichtung einer anderen Arbeitnehmer-Vertretung in § 3 Abs. I Ziff. 2 (statt bisher § 20 Abs. III) geregelt. Bezüglich der hier zur Diskussion stehenden Frage ändert die Neufassung jedoch — wie sich noch zeigen wird — nichts. Außerdem bleiben gem. § 128 BetrVerfG n. F. die nach § 20 Abs. III BetrVerfG a. F. geltenden Tarifverträge über die Einrichtung einer anderen Arbeitnehmer-Vertretung unberührt.
[48] Vgl. *Herschel*, W., Rechtsnatur, S. 135.
[49] Ebenda, S. 134.
[50] *Herschel*, W., Rechtsnatur, S. 134.
[51] Vgl. ebenda, S. 134.
[52] Vgl. ebenda, S. 135.

relative Tarifmacht werde dabei zur absoluten. Vergleichbar sei dieser Vorgang etwa mit der Zustimung des gesetzlichen Vertreters zum Rechtsgeschäft eines beschränkt Geschäftsfähigen gem. §§ 106 ff. BGB[53].

Die AVE sei also ein Verwaltungsakt, der die normalerweise auf die Verbandsangehörigen beschränkte Tarifmacht der Verbände durch Verleihung einer Sondertariffähigkeit auch auf die Außenseiter ausdehne.

B. Kritik und Ablehnung

1. Der Vergleich der AVE mit § 20 Abs. III BetrVerfG a. F. trägt nicht

Adressaten der AVE sind für *Herschel* die Tarifvertragsparteien. Ihnen wird durch den Verwaltungsakt „AVE" bezüglich der Außenseiter Sondertariffähigkeit verliehen. Die Tarifmacht über die nicht Tarifgebunden ist nicht bereits in der — nach *Herschel* originären — Autonomie der Verbände enthalten[54], trotz des tendenziellen Strebens der Koalitionen nach einer Ordnung für den gesamten sachlichen Geltungsbereich des Tarifvertrags. Sie wird auch nicht durch das Tarifvertragsgesetz verliehen[55], sondern erst durch die AVE. Als Analogie nennt Herschel die Vorschrift des § 20 Abs. III BetrVerfG (a. F. = § 3 I Ziff. 2 n. F.) Dieser Vergleich trägt jedoch nicht. Aus dem Wortlaut des § 20 Abs. III BetrVerfG a. F. ergibt sich nämlich ganz klar, daß die Befugnis zur Errichtung einer anderen Vertretung der Arbeitnehmer bereits im Gesetz enthalten ist[56]. Die gesetzlich vorgesehene Zustimmung der obersten Arbeitsbehörde ist nur noch letzte Gültigkeitsvoraussetzung zur bereits im Gesetz erteilten „zusätzlichen Tarifmacht"[57].

Im Gegensatz dazu ist im Fall des § 5 Tarifvertragsgesetz nach *Herschels* eigener Darstellung die Erweiterung der Tarifmacht nicht bereits im Tarifvertragsgesetz vorgesehen, sondern erfolgt erst durch die AVE. Wegen dieses wesentlichen Unterschieds in dem entscheidenden Punkt ist der Vergleich mit § 20 Abs. III BetrVerfG a. F. nicht stichhaltig.

2. Die Übertragung von Rechtsetzungsbefugnissen durch Verwaltungsakt ist nicht zulässig

Außerdem wäre nach *Herschels* Meinung die Erweiterung der Tarifmacht durch die AVE eine Übertragung von Rechtsetzungsbefugnissen

---

[53] Vgl. ebenda, S. 136.
[54] Zur Ablehnung der originären Autonomie der Verbände vgl. in diesem Kapitel Ziff. I B.
[55] Vgl. *Herschel, W.*, Rechtsnatur, S. 130.
[56] Dies ändert sich auch durch die Neufassung des BetrVerfG nicht; auch § 3 Abs. I Ziff. 2 BetrVerfG n. F. gibt unter bestimmten Voraussetzungen die Befugnis zur Errichtung einer anderen Arbeitnehmer-Vertretung.
[57] So auch *Lieb, M.*, Rechtsnatur, S. 20; *Dellmann, H. J.*, AVE, S. 75 f.

durch Verwaltungsakt. *Herschel* bezeichnet diese seine Ansicht als „unanfechtbare rechtswissenschaftliche Erkenntnis"[58].

In Wirklichkeit jedoch entspricht es dem Art. 80 Abs. I Satz 4 GG und daneben der ganz herrschenden Meinung, daß die Übertragung von Rechtsetzungsbefugnissen — da als Veränderung der objektiven Zuständigkeitsordnung selbst Akt der Rechtsetzung[59] — grundsätzlich nur durch Gesetz, allenfalls durch Rechtsverordnung möglich ist[60].

Wenn also in der AVE eine Übertragung von rechtsetzender Gewalt zu sehen wäre, müßte es sich gerade nicht um einen Verwaltungsakt, sondern um eine Rechtsverordnung handeln[61].

3. Ein Vergleich der AVE mit der Zustimmung des gesetzlichen Vertreters zum Rechtsgeschäft eines beschränkt Geschäftsfähigen ist nicht möglich

Auch die von *Herschel* zur Begründung seiner Ansicht herangezogene Ähnlichkeit der AVE mit der Zustimmung des gesetzlichen Vertreters zu einem Rechtsgeschäft eines beschränkt Geschäftsfähigen[62] vermag nicht zu überzeugen. Denn ob es sich nun bei der AVE um einen Akt der Rechtsetzung oder um einen Verwaltungsakt handelt, auf jeden Fall haben wir es mit einem einseitigen Vorgang zu tun, der also allerhöchstens mit der Vornahme eines einseitigen Rechtsgeschäfts durch einen beschränkt Geschäftsfähigen verglichen werden könnte[63].

Gerade in diesem Fall aber ist die Unwirksamkeit nicht durch nachträgliche Genehmigung heilbar[64, 65].

---

[58] *Herschel*, W., Rechtsnatur, S. 129.
[59] Vgl. *Triepel*, Heinrich, Delegation und Mandat im öffentlichen Recht, Stuttgart und Berlin 1942, S. 29.
[60] Vgl. außer Triepel auch *Maunz-Dürig-Herzog*, GG-Kommentar, Art. 80 Rdn. 15; *Bettermann*, K. A., Die AVE eines Tarifvertrags: Rechtsschutz, Rechtskontrolle und Rechtsnatur, RdA 1959, S. 245 ff. (255); *Klein*, Friedrich, Verordnungsermächtigung nach deutschem Verfassungsrecht, in: Die Übertragung rechtsetzender Gewalt im Rechtsstaat, Frankfurt 1952, S. 71 f.; *Lieb*, M., Rechtsnatur, S. 21; *Dellmann*, H. J., AVE, S. 76.
[61] Vgl. auch *Lieb*, M., Rechtsnatur, S. 21.
[62] Vgl. *Herschel*, Rechtsnatur, S. 136.
[63] So auch *Lieb*, M., Rechtsnatur, S. 20.
[64] Vgl. § 111 Satz 1 BGB: „Ein einseitiges Rechtsgeschäft ... ist unwirksam."
[65] Vgl. statt vieler: BGB-RGRK, Das BGB, Kommentar hrsg. von Reichsgerichtsräten und Bundesrichtern, 11. Aufl., Berlin 1959, Bd. I, 1. Teil, § 111 Anm. 1 I 1: „Solche einseitigen Rechtsgeschäfte sind, wenn die erforderliche Einwilligung des gesetzlichen Vertreters fehlt, schlechthin wirkungslos, und zwar wirkt die Unwirksamkeit wie die Nichtigkeit. Das Rechtsgeschäft ist daher auch nicht durch nachträgliche Genehmigung heilbar, ..."

Daß es sich aber bei der AVE um die nachträgliche Erteilung einer Konzession handeln soll, hebt Herschel ganz deutlich hervor[66].

Wegen der oben genannten Unstimmigkeiten kann der Ansicht *Herschels* von der AVE als Sondertariffähigkeit nicht gefolgt werden.

III. Die Ansicht von E. R. Huber[67]

A. Darstellung

Nach den beiden bis jetzt erörterten Meinungen sind die Adressaten der AVE die Tarifverbände. Diese Ansicht vertritt auch E. R. *Huber*.

Durch die AVE werde der persönliche Geltungsbereich des Tarifvertrags erweitert mit der Folge, daß auch die bisherigen Außenseiter Tarifbeteiligte würden[68]. „Das bedeutet: die Allgemeinverbindlicherklärung wendet sich nicht unmittelbar mit einer rechtlichen Anordnung an die bisher in Außenseiterstellung befindlichen Arbeitgeber und Arbeitnehmer; ihr Gegenstand ist vielmehr der Tarifvertrag als solcher[69]."

Adressat der AVE seien die Tarifpartner, da der zwischen ihnen abgeschlossene Tarifvertrag in seinem Geltungsbereich verändert werde.

Somit sei die AVE keine generelle und abstrakte Regelung und deshalb keine Rechtsverordnung[70], sondern als „Staatsakt mit konkretem Gegenstand und individuell bestimmten Adressaten"[71] ein Verwaltungsakt.

Gleichwohl räumt *Huber* den Arbeitnehmer-Außenseitern neben den Parteien des Tarifvertrags — insoweit inkonsequent — ein eigenes Recht zur Anfechtung der AVE ein[72].

B. Kritik und Ablehnung

Kritisch ist zur Ansicht von E. R. *Huber* folgendes anzumerken: Die Behauptung, die AVE wende sich an die Tarifvertragsparteien und nicht an die Außenseiter, erscheint recht willkürlich. Der Beweis ist jedenfalls aus *Hubers* Ausführungen nicht ersichtlich.

---

[66] Vgl. *Herschel*, W., Rechtsnatur, S. 136.
[67] Vgl. *Huber*, E. R., Wirtschaftsverwaltungsrecht, Bd. II, S. 450 f.
[68] Vgl. ebenda, S. 450.
[69] Ebenda, S. 450.
[70] Vgl. *Huber*, E. R., Wirtschaftsverwaltungsrecht, S. 450.
[71] Ebenda, S. 451.
[72] Vgl. ebenda, S. 452.

Außerdem wird die Kernfrage, wie es nämlich zu erklären sei, daß für einen Personenkreis, der außerhalb der Tarifautonomie der Verbände steht — nämlich für die Außenseiter — im Wege der AVE verbindliches Recht geschaffen wird, gar nicht erst berührt. *Huber* betrachtet die Außenseiter als zwar betroffen, aber nicht eigentlich von der AVE angesprochen. Er erklärt aber nicht, wie dann, wenn die AVE ein an die Tarifparteien gerichteter Verwaltungsakt ist, für die Außenseiter Recht erzeugt werde ohne den zugehörigen Rechtsetzungsvorgang. Seiner Ansicht kann deshalb auch nicht gefolgt werden.

2. Kapitel: Die Allgemeinverbindlicherklärung als Verwaltungsakt gegenüber den Tarifparteien und den Außenseitern

I. Die Lehre von der Allgemeinverbindlicherklärung als qualifiziertem Verwaltungsakt

A. Darstellung

Eine eigenartige Version innerhalb der Verwaltungsakt-Theorien bringt Hermann *Dersch*[73]. Er versucht, den Schwierigkeiten, die die Einordnung der AVE in das herkömmliche Schema rechtlicher Begriffe bereitet, dadurch zu entgehen, daß er sie als neuartigen qualifizierten Verwaltungsakt besonderer Art kennzeichnet. Er sieht klar, daß die AVE „im Ergebnis Normenbindungen über den Einzelfall hinaus für einen unbestimmten Kreis von Außenseitern" schafft „und damit mit dem ureigensten Wesen des Verwaltungsaktes in gewissem Widerspruch"[74] steht. Sie erzeuge jedenfalls objektive Rechtsnormen für eine unbestimmte Anzahl von Personen[75]. Dies schaffe zwar eine Normwirkung; dennoch habe die AVE nicht den Charakter einer echten Rechtsverordnung[76].

Andererseits aber setze die AVE das Vorhandensein eines Tarifvertrags voraus, dessen persönlicher Geltungbereich erweitert werde[77]. Sie sei somit aufs engste mit dem konkreten Tarifvertrag verbunden, dehne nur dessen Geltungsbereich auf die Außenseiter aus[78].

In Wahrheit stehe die AVE zwischen dem Verwaltungsakt und der Rechtsverordnung herkömmlicher Art[79].

---

[73] Vgl. *Dersch*, Herrmann, Bedeutung, S. 223 ff.; ders., in: *Kaskel-Dersch*, Arbeitsrecht, S. 97.
[74] Ders., Bedeutung, S. 224 f.
[75] Vgl. ebenda, S. 226.
[76] Vgl. ebenda, S. 225/226.
[77] Vgl. ebenda, S. 224.
[78] Vgl. ebenda, S. 226.
[79] Vgl. *Dersch*, H., Bedeutung, S. 226.

Letztlich scheint *Dersch* aber doch mehr für die Qualifizierung der AVE als Verwaltungsakt zu sprechen, allerdings „mit der Modifikation, daß es sich hier um einen neuartigen Verwaltungsakt besonderer Art handelt, eben um einen q u a l i f i z i e r t e n V e r w a l t u n g s a k t (im Original gesperrt, d. Verf.), der starke Annäherungen an eine Rechtsverordnung zeigt"[80]. Einen Rechtsschutz gegen den qualifizierten Verwaltungsakt „AVE" hält *Dersch* nicht für gegeben. Wegen der starken Ähnlichkeit der AVE mit einer Rechtsverordnung sei der Verwaltungsrechtsweg nicht beschreitbar. Hierfür spreche auch, daß in § 5 Abs. III TVG ein besonderes Verfahren für den Fall vorgesehen sei, daß die Oberste Arbeitsbehörde eines Landes Einspruch gegen die beantragte AVE erhebe. Dieses Verfahren gem. § 5 Abs. III TVG sei wohl abschließend gedacht, ohne daß noch die Möglichkeit eines verwaltungsgerichtlichen Verfahrens offengehalten sei[81].

B. *Kritik und Ablehnung der Lehre vom qualifizierten Verwaltungsakt*

Dersch betrachtet seine Lehre vom qualifizierten Verwaltungsakt selbst als einen Ausweg, der ebenfalls nicht unzweifelhaft sei — werde doch hiermit speziell für § 5 TVG ein eigener Begriff des Verwaltungsakts geschaffen[82]. Das ist auch der Grund dafür, daß *Derschs* Ansicht von der Rechtsnatur der AVE in der Literatur ganz überwiegend Ablehnung gefunden hat[83].

In der Tat erscheint es wenig glücklich, den Schwierigkeiten einer Einordnung der AVE in das Rechtssystem dadurch auszuweichen, daß man für sie einen neuen Begriff schafft. Der Gordische Knoten wird dadurch zwar zerhauen, nicht aber gelöst. Es hieße die Einheitlichkeit der Rechtsquellenlehre aufs höchste gefährden, wollte man für jedes rechtliche Teilgebiet, ja für einzelne Paragraphen wie den § 5 TVG eigene Begriffe bilden.

Eine solche eigene Begriffsbildung wäre allenfalls gerechtfertigt, wenn sich eine überzeugende Einordnung im Rechtsgefüge auf keinen Fall erreichen ließe. Da dies jedoch nicht der Fall ist, sondern der AVE, wie in den folgenden Ausführungen noch darzulegen sein wird, sehr

---

[80] Ebenda, S. 226.
[81] Vgl. ebenda, S. 226 f.
[82] Vgl. ebenda, S. 225.
[83] Ablehnend etwa *Berger*, Rechtsnatur der Allgemeinverbindlicherklärung, BB 1956, S. 533 ff. (534); *Langels*, Rudolf Hans, Die Rechtsnatur der Allgemeinverbindlicherklärung von Tarifverträgen, Diss. jur. Köln 1962, S. 63 f.; *Lieb*, Manfred, Rechtsnatur und Mängel der Allgemeinverbindlicherklärung eines Tarifvertrages, RdA 1957, S. 260 ff. (263); *Hueck-Nipperdey*, Lehrbuch II, 6. Aufl. 1957, S. 471 Anm. 10 (472).

wohl ihr Platz in der Systematik der Rechtslehre zugewiesen werden kann, kann der Meinung von *Dersch* nicht gefolgt werden.

II. Die AVE als Regierungsakt

A. Darstellung

Zum gleichen Ergebnis hinsichtlich des Rechtsschutzes wie H. *Dersch* kommt auch *Schnorr v. Carolsfeld*[84]: auch er hält die AVE für nicht justiziabel. Allerdings gelangt er zu dieser Ansicht auf einem ganz anderen Weg. Seiner Meinung nach handelt es sich nämlich bei der AVE um einen Regierungsakt.

Eine nähere Begründung seiner Ansicht bringt der Autor allerdings nicht. Er schließt vielmehr aus der Tatsache, daß die AVE vom Bundesminister für Arbeit und Sozialordnung (BMA) ausgesprochen wird (§ 5 Abs. I TVG), unmittelbar darauf, daß es sich deshalb um einen Regierungsakt handle, der zu den „gerichtsfreien Hoheitsakten" gehöre.

B. Kritik und Ablehnung

Über das Wesen der Regierungsakte herrscht Streit[85]. Schon die Terminologie ist uneinheitlich. Es wird von Regierungsakten, Regierungshandlungen, rechtswegfreien, gerichtsfreien, justizfreien, justizlosen, nicht justiziablen Hoheitsakten gesprochen.

Es ist im Rahmen dieser Arbeit nicht möglich, die Streitfrage in ihrer vollen Breite und Tiefe zu behandeln. In aller Kürze läßt sich aber folgendes feststellen: Einige Autoren stellen die Existenz von gerichtsfreien Hoheitsakten völlig in Abrede. So behandelt *Ule* den Regierungsakt als Verwaltungsakt und weist im übrigen darauf hin, daß „der Begriff des ‚gerichtsfreien Hoheitsakts' (‚Regierungsakts') ... in den

---

[84] *Schnorr v. Carolsfeld*, Ludwig, Arbeitsrecht, 2. Aufl., Göttingen 1954, S. 70 f.
[85] Aus der sehr umfangreichen Literatur und Rspr. hierzu vgl. insbes. OVG Berlin, U. vom 26. 9. 1952, JZ 53, 644; Württ.-Bad. VerwGH, U. vom 13. 10. 1949, DöV 50, 377; OVG Münster, DRZ 50, 454; BVerwGE 2, 36 (38); *Eyermann-Fröhler*, VwGO, § 42, Rdn. 35; *van Husen*, Paul, Gibt es in der Verwaltungsgerichtsbarkeit justizfreie Regierungsakte?, DVBl. 53, S. 70 ff.; *Kassimatis*, Georg, Der Bereich der Regierung, Diss. jur. München 1965, abgedruckt in: Schriften zum öffentlichen Recht, Bd. 66, Berlin 1967; *Köhler*, Alexander, Kommentar zur VwGO, Berlin und Ffm 1960, § 42, A VI; *Maunz-Dürig-Herzog*, GG, Kommentar, Art. 19 Abs. IV, Rdn. 23 f.; *Schmidt-Bleibtreu-Klein*, Kommentar zum GG, 2. Aufl., Neuwied und Berlin 1970, insbes. Art. 19, Rdn. 24; *Schneider*, Hans, Gerichtsfreie Hoheitsakte, in der Reihe: Recht und Staat, Bd. 160/161, Tübingen 1951; *Schunck-De Clerk*, Kommentar zur VwGO, 2. Aufl., Siegburg 1967, § 42, 2 a bb; *Ule*, Carl Herrmann, Gesetz über das BVerwG, Handkommentar, Berlin und Köln 1952, § 9 II 1 b; *Wolff*, H. J., Verwaltungsrecht, § 46 III b,

Beratungen des Rechts- und Verfassungsausschusses des Bundestags ausdrücklich abgelehnt worden"[86] sei.

Zu ähnlichem Ergebnis gelangen *Maunz-Dürig-Herzog*[87] mit folgender Argumentation: jeder Akt der öffentlichen Gewalt müsse wegen Art. 19 Abs. IV GG anfechtbar sein. Es müsse jeder solche Einzelakt Verwaltungsakt sein, da die verwaltungsgerichtliche Generalklausel die Anfechtbarkeit eines Aktes der öffentlichen Gewalt von dessen Qualifikation als Verwaltungsakt abhängig mache. „Da die jeweilige verwaltungsgerichtliche Generalklausel ‚v e r f a s s u n g s k o n f o r m' (im Original gesperrt, d. Verf.) zu interpretieren ist, also in ihrem Umfang n i c h t   e n g e r (im Original gesperrt; d. Verf.) sein darf, als der nach Art. 19 IV gewährte Rechtsschutz, ist j e d e r H o h e i t s a k t, g e g e n d e n   A r t. 19 IV R e c h t s s c h u t z   g e w ä h r t, a u c h e i n ‚V e r w a l t u n g s a k t' i m t e c h n i s c h e n S i n n (im Original gesperrt; d. Verf.)[88]." Hieraus folge, daß zur Anfechtung von Regierungsakten grundsätzlich die Verwaltungsgerichte zuständig seien[89].

Eine andere Gruppe von Autoren stellt den Regierungsakt in Gegensatz zum Verwaltungsakt und betrachtet ihn als nicht justiziabel. Erhebliche Schwierigkeiten bereitet aber dann die Abgrenzung des Regierungsakts vom Verwaltungsakt. Vielfach wird diesbezüglich auf das Wesen der Regierung und auf das Moment des Politischen zurückgegriffen. „Regierungsakte sind daher ... die von der Regierung in Erfüllung ihrer wesenhaft politischen Funktion vorgenommenen Entscheidungen, ...[90]."

Nach einer anderen verbreiteten Ansicht[91] kommen Regierungsakte nur im verfassungsrechtlichen Bereich vor. Dieser Auffassung ist m. E. zuzustimmen. Denn hierdurch läßt sich die begriffliche Unsicherheit, die sich notwendigerweise einstellt, wenn man den Regierungsakt mit Umschreibungen durch schillernde, letztlich kaum faßbare Merkmale wie "wesenhaft politisch" o. ä. zu erfassen sucht, einigermaßen ausschalten.

Regierungsakte sind demnach nichts anderes, als „Ermessungsakte des materiellen Verfassungsbereichs"[92]. Bezüglich der Frage des Rechts-

---

[86] *Ule*, C. H., BVerwGG, § 9 II 1 b.
[87] Vgl. *Maunz-Dürig-Herzog*, GG-Kommentar, Art. 19, Abs. IV Rdn. 24.
[88] Ebenda, Art. 19 Abs. IV Rdn. 24.
[89] Vgl. ebenda, Art. 19 Abs. IV Rdn. 24.
[90] *Schneider*, H., Gerichtsfreie Hoheitsakte, S. 42.
[91] So etwa *Kassimatis*, G., Bereich, S. 92 ff.; *Wolff*, H. J., Verwaltungsrecht I, § 46, III b 2; *van Husen*, P., Regierungsakte, S. 71; *Eyermann-Fröhler*, VwGO, § 42, Rdn. 35 f.
[92] *Kassimatis*, G., Bereich, S. 93.

schutzes gegenüber den Regierungsakten sind die Meinungen innerhalb dieser Gruppe dann jedoch wieder gespalten[93].

Selbst wenn man mit *van Husen* zugibt[94], daß die begriffliche Abgrenzung des Verfassungsrechts nicht bis ins letzte geklärt ist, so genügt sie doch für unsere Zwecke vollauf, denn daß die AVE von Tarifverträgen durch den BMA aufgrund des 5 TVG nicht zum Verfassungsbereich gehört, ist offensichtlich. Somit kann es sich bei der AVE um keinen Regierungsakt handeln; die entsprechende Meinung von *Schnorr von Carolsfeld* ist also abzulehnen.

3. Kapitel: Die Allgemeinverbindlicherklärung als Allgemeinverfügung gegenüber den Außenseitern

I. Allgemeines

Eine sehr verbreitete Meinung sieht in der AVE einen an die Außenseiter gerichteten Verwaltungsakt in der Form einer Allgemeinverfügung[95]. Es gebe, so wird von den Anhängern dieser Meinung argumentiert, eine Reihe von Gründen[96], die es erforderlich machen, in der AVE einen Verwaltungsakt zu sehen, und zwar einen Verwaltungsakt, der sich an die Außenseiter wende. Hierbei stößt man nun aber sogleich auf den Einwand, daß der Adressatenkreis „Außenseiter" für die Annahme eines Verwaltungsakts nicht hinreichend bestimmt sei. Um diese Schwierigkeit auszuräumen, wird die AVE als Allgemeinverfügung deklariert.

Die moderne Verwaltungsrechtslehre hat den Begriff des Verwaltungsaktes ziemlich klar herausgearbeitet und versteht darunter jede Maßnahme einer Verwaltungsbehörde auf dem Gebiet des öffentlichen Rechts zur Regelung eines Einzelfalles[97]. Es gibt jedoch auch

---

[93] Für gerichtliche Nachprüfbarkeit etwa: ebenda, S. 219 ff.; a. A. etwa *Eyermann-Fröhler*, VwGO, a.a.O., § 42, Rdn. 36.
[94] Vgl. *v. Husen*, P., Regierungsakte, S. 71.
[95] Vgl. etwa *Hueck-Nipperdey*, Lehrbuch II, 6. Aufl., 1957, S. 471 ff.; *Hueck-Niperdey-Tophoven*, TVG, 3. Aufl. 1955, § 5 Rdn. 42; *v. Köhler*, Ist eine Allgemeinverbindlicherklärung anfechtbar?, DVBl. 1956, S. 712 ff.; *Sitzler*, F., ArbRBl., TV X, *Gumpert*, J., Rechtsmittel, BB 1954, S. 261 ff.; wohl auch *Tophoven*, Anmerkung zu AP Nr. 6 zu § 5 TVG; *Nikisch*, A., Arbeitsrecht, S. 492 ff.; *Auffahrt*, Anfechtbarkeit, BArbBl. 1957, S. 756 ff. (758); VerwG Berlin vom 29. 2. 56 = BB 56, 785; vgl. auch *Thiele*, Willi, Zur Rechtsnatur der Allgemeinverbindlicherklärung, ArbuR 1958, S. 18 ff.
[96] Auf diese Gründe wird im einzelnen noch genau einzugehen sein; vgl. hierzu in diesem Kapitel II A—E.
[97] Fast allg. Meinung; im einzelnen werden jedoch unterschiedliche Formulierungen gebraucht. Vgl. etwa *Wolff*, H. J., Verwaltungsrecht I, § 46 I; *Klinger*, Hans, Kommentar zur VwGO, 2. Aufl., Göttingen 1964, § 42 E I; *Hueck-Nipperdey*, Lehrbuch II, 6. Aufl. 1957, S. 471 Anm. 10; abweichend *Eyermann-Fröhler*, VwGO, § 42 Rdn. 14.

Verwaltungsakte, die an eine Mehrzahl von Personen gerichtet sind, nämlich die Allgemeinverfügungen[98].

Eine solche — so wird argumentiert — liege dann vor, wenn die Zahl der von dem Hoheitsakt betroffenen Personen zwar im Augenblick nicht feststellbar, nichtsdestoweniger aber gattungsmäßig bestimmbar sei[99].

Dies sei bezüglich der AVE der Fall, werde doch der Kreis der betroffenen Außenseiter durch den Geltungsbereich des Tarifvertrags festgelegt und somit zu einem bestimmbaren Personenkreis[100].

Der Einwand, der Kreis der Betroffenen sei nicht genügend bestimmt, verfange also bei der Annahme einer Allgemeinverfügung nicht. Somit sei der Weg frei für die Klassifizierung der AVE als Verwaltungsakt gegenüber den Außenseitern.

II. Argumente für die Qualifizierung der Allgemeinverbindlicherklärung als einen Unterfall des Verwaltungsakts und deren Kritik

Für die Einordnung der AVE als Verwaltungsakt, genauer als Allgemeinverfügung, wird von den Anhängern dieser Meinung eine Reihe von Gründen vorgebracht.

A. Der Wortlaut des Gesetzes

Für die Annahme eines Verwaltungsakts spreche schon der Wortlaut des Gesetzes, würden doch lt. 5 Abs. IV TVG „die Rechtsnormen des Tarifvertrages in seinem Geltungsbereich auch die bisher nicht tarifgebundenen Arbeitgeber und Arbeitnehmer" erfassen[101]. Durch die AVE werde also kein eigenes Recht geschaffen, sondern lediglich bereits vorhandenes Recht erstreckt[102]. Daß es sich hierbei um einen Verwaltungsakt und nicht um eine Rechtsverordnung handle, gehe daraus hervor, daß der Gesetzgeber nicht, wie in ähnlichen Fällen bei Vorliegen einer Rechtsverordnung üblich, angeordnet habe, der BMA könne die tariflichen Rechtsnormen durch Rechtsverordnungen auf die Außenseiter erstrecken[103].

---

[98] Zur Allgemeinverfügung vgl. BVerwG v. 26.3.55, NJW 55, 1809; OVG Münster v. 25.5.55, DöV 56, 286; *Forsthoff, E.*, Lehrbuch, S. 193; *Ule, C. H.*, BVerwGG, § 9 II 1 a; *Wolff, H. J.*, Verwaltungsrecht I, § 46 VI a 3.
[99] Vgl. *Hueck-Nipperdey*, Lehrbuch II, 6. Aufl. 1957, S. 472.
[100] Vgl. ebenda, S. 472; *Sitzler, F.*, ArbRBl. TV X; *Gumpert, J.*, Rechtsmittel, BB 1954, S. 261.
[101] Vgl. *Hueck-Nipperdey*, Lehrbuch II, 6. Aufl., S. 472.
[102] Vgl. etwa *Nikisch, A.*, Arbeitsrecht, S. 494.
[103] Vgl. *Nipperdey-Heussner*, Rechtsnatur, S. 218.

Dagegen wendet etwa *Zöllner*[104] ein, daß es nicht möglich sei, aus dem Gesetzestext Angaben über die rechtliche „Qualifizierung des Vorganges"[105] der Erzeugung einer AVE herauslesen. Der Text von § 5 Abs. IV TVG stelle nur die „kürzeste und präziseste Beschreibung der Wirkung der AVE dar"[106]. Auch der Umstand, daß der Gesetzgeber nicht positiv den Erlaß der AVE durch Rechtsverordnungen angeordnet habe, könne nicht für die Verwaltungsakt-Theorie verwendet werden[107].

Dem kann m. E. zugestimmt werden, wenn man bedenkt, daß der Erlaß des TVG in einer Zeit erfolgte, als die rechtliche Natur der AVE unklar war und daß der Gesetzgeber der Klärung der Frage nicht vorgreifen wollte, sondern sich bewußt neutral ausgedrückt hat[108].

*B. Die Frage der Abhängigkeit
der Allgemeinverbindlicherklärung vom Tarifvertrag*

1. Darstellung der Argumentation

Als weiteres Argument für die Charakterisierung der AVE als Verwaltungsakt wird deren völlige Abhängigkeit vom Tarifvertrag angeführt.

Dies gelte einmal für den Inhalt der AVE; die zu erstreckenden Normen seien inhaltlich voll und ganz dem Tarifvertrag entnommen. Der Inhalt der AVE sei „durch den bereits vorliegenden Tarifvertrag in allen Einzelheiten vorgezeichnet"[109].

Zum anderen sei die AVE auch zeitlich vom Tarifvertrag abhängig. Besonders deutlich werde dies durch das in § 5 Abs. V, letzter Satz TVG angeordnete Ende der Geltungsdauer mit Ablauf des Tarifvertrages. Schon aus diesem Grund könne die AVE keine Rechtsverordnung, müsse sie also ein Verwaltungsakt sein, denn es sei völlig ausgeschlossen, daß private Organisationen, wie die Tarifvertrags-Verbände „willkürlich über die Geltungsdauer des s t a a t l i c h e n   R e c h t s (im Original gesperrt; d. Verf.) bestimmen könnten"[110].

---

[104] Vgl. *Zöllner, W.*, Rechtsnatur, DB 1967, S. 336.
[105] Ebenda, S. 336.
[106] Ebenda, S. 336.
[107] So aber *Nipperdey-Heussner*, Rechtsnatur, S. 218.
[108] Vgl. auch *Zöllner, W.*, Rechtsnatur, DB 1967, S. 336.
[109] *Nikisch, A.*, Lehrbuch, S. 492; vgl. ferner *Nipperdey-Heussner*, Rechtsnatur, S. 218 mit dem Versuch, die Gegenmeinung Hildegard *Krügers*, in: Die Rechtsnatur der Allgemeinverbindlicherklärung, RdA 1957, S. 46 ff. zu widerlegen.
[110] *Hueck-Nipperdey*, Lehrbuch II, 6. Aufl., S. 472 unter Berufung auf *Jellinek*; *Schmidt-Rimpler* u. a., „Bonner Gutachten", AöR Bd. 76, S. 180 f.;

Auch der Umstand, daß der Erlaß einer AVE vom Antrag einer Tarifpartei abhängig sei, spreche für deren Rechtsnatur als Verwaltungsakt[111]. Die Frage, ob eine AVE zu erlassen sei, stehe nicht im Ermessen des Staates; der Staat sei vielmehr „vollständig von einem außerstaatlichen Rechtsetzungswillen abhängig"[112].

Dies sei jedoch mit dem Hoheitsanspruch einer Rechtsverordnung bzw. des staatlichen Rechts überhaupt unvereinbar. „Es hieße den hergebrachten, dogmatisch entwickelten Begriff der Rechtsverordnung bis zur Unkenntlichkeit verwässern, wollte man einen staatlichen Hoheitsakt noch als Rechtsverordnung, also Setzen staatlichen Rechts, anerkennen, bei dem der Staat nicht nur die Initiative zur Rechtsetzung an privatrechtliche Verbände aus der Hand gegeben hat, sondern darüber hinaus auch noch bei der zeitlichen und inhaltlichen Gestaltung seiner Rechtsnormen an einen privaten Vertrag gebunden ist[113]."

2. Kritik zum Argument der Abhängigkeit

Diese Ansicht ist nicht unwidersprochen. So wird gegen sie eingewendet, daß es üblich sei, den Geltungsbereich von feststehenden Normenkomplexen durch Rechtsverordnung und nicht durch Verwaltungsakt auf einen bisher nicht erfaßten Personenkreis zu erstrecken[114]. Hildegard *Krüger* bringt als Beispiel hierfür das Zustandekommen des Grundgesetzes, das nach Art. 144 GG im Wege der Annahme durch die Volksvertretung in zwei Dritteln der deutschen Länder erfolgte. Hinzufügungen oder Abstriche seien hierbei nicht möglich gewesen; das Grundgesetz konnte nur in der vorgelegten Form angenommen oder abgelehnt werden[115]. Ähnliches gelte für die Zustimmung des Bundestages zu internationalen Verträgen gem. 59 GG oder für die Erstreckung von Gesetzen, die für das Vereinigte Wirtschaftsgebiet Gültigkeit hatten, auf das gesamte Bundesgebiet. Auch die Reception von Bundesrecht durch Berlin gehöre hierher[116].

ähnlich *Nikisch*, A., Arbeitsrecht, S. 492; *Hueck-Nipperdey-Tophoven*, TVG, 3. Aufl., Rdn. 42; *Gumpert*, J., Rechtsmittel, BB 1954, S. 261; *Nipperdey-Heussner*, Rechtsnatur, S. 219, wiederum eingehend auf die Gegenmeinung von Hildegard *Krüger*, Rechtsnatur, RdA 1957, S. 48; dagegen auch *Berger*, Rechtsnatur, BB 1956, S. 534.
[111] Vgl. etwa *Hueck-Nipperdey*, Lehrbuch II, 6. Aufl., S. 472.
[112] *Nipperdey-Heussner*, Rechtsnatur, S. 219 eingehend auf die Gegenmeinung von *Lieb*, M., Rechtsnatur, RdA 1957, S. 262.
[113] *Nipperdey-Heussner*, Rechtsnatur, S. 219.
[114] So etwa *Berger*, Rechtsnatur, BB 1956, S. 534; desgl. *Bettermann*, K. A., Die AVE, RdA 1959, S. 255; *Krüger*, H., Rechtsnatur, RdA 1957, S. 47.
[115] Vgl. *Krüger*, H., Rechtsnatur, RdA 1957, S. 47.
[116] Vgl. *Krüger*, H., Rechtsnatur, RdA 1957, S. 47 f.

3. Kap.: Allgemeinverbindlicherklärung als VA gegenüber Außenseitern

Nun darf allerdings die Aussagekraft dieses Einwandes[117] nicht zu hoch eingestuft werden. Denn aus der Tatsache, daß es Fälle gibt, in denen der Geltungsbereich eines vom Inhalt her feststehenden Normenkomplexes nicht durch Verwaltungsakt, sondern durch Rechtsverordnung auf bisher nicht erfaßte Personen erstreckt wurde, kann allenfalls gefolgert werden, daß es sich bei der AVE nicht notwendigerweise um einen Verwaltungsakt handeln *muß*, sondern, daß auch eine Rechtsverordnung vorliegen *kann*.

Ähnlich ist ein weiterer Einwand zu beurteilen, mit dem Manfred *Lieb* das Argument zu entkräften sucht, daß die AVE wegen ihrer inhaltlichen Abhängigkeit vom Tarifvertrag ein Verwaltungsakt sein müsse. Er führt aus, die AVE sei „nur Geltungsgrundlage der bereits im Tarifvertrag mit beschränktem persönlichem Geltungsbereich enthaltenen Normen auch für die bisherigen Außenseiter"[118], beim allgemeinverbindlich erklärten Tarifvertrag „fallen also ausnahmsweise Sitz der Norm und deren Geltungsgrundlage auseinander"[119]. Die durch die AVE erfolgende Rechtsetzung beschränke sich allein auf die Erstreckung der Tarifnormen.

Gegen das Argument der zeitlichen Abhängigkeit der AVE vom Bestand des Tarifvertrags wenden Anhänger der VO-Theorie[120] ein, dies sei keineswegs eine ungewöhnliche Erscheinung des Tarifrechts. Trete doch auch gem. § 9 TVG mit dem Inkrafttreten eines Tarifvertrags eine bisher bestehende Tarifordnung — also eine Rechtsverordnung — außer Kraft[121]. Ähnliches gelte bezüglich der Mindestarbeitsbedingungen, die gem. § 8 Abs. II MindArbBG durch einen Tarifvertrag außer Kraft gesetzt würden[122].

Im übrigen sei die AVE zeitlich keineswegs völlig vom Tarifvertrag abhängig. Primär sei nämlich die gem. § 5 Abs. V Satz 1 TVG zum Erlaß eines Tarifvertrags zuständige Stelle auch für dessen Aufhebung kompetent; die Koppelung an das Ende des Tarifvertrags sei nur hilfsweise[123].

Dieser Einwand ist richtig, denn § 5 Abs. V letzter Satz TVG lautet: „Im übrigen endet die Allgemeinverbindlichkeit eines Tarifvertrages

---
[117] Gegen die hier geschilderte Ansicht vgl. *Nipperdey-Heussner*, Rechtsnatur, S. 218, der einwendet, in den genannten Fällen handle es sich jeweils um die Erweiterung des Geltungsbereichs von staatlichem Recht — im Gegensatz zu dem autonomen Recht des Tarifvertrages.
[118] *Lieb*, M., Rechtsnatur, RdA 1957, S. 262.
[119] Ebenda, S. 262.
[120] Vgl. *Krüger*, H., Rechtsnatur, RdA 1957, S. 48; *Berger*, Rechtsnatur, BB 1956, S. 534; *Lieb*, M., Rechtsnatur, RdA 1957, S. 262.
[121] Vgl. *Krüger*, H., Rechtsnatur, RdA 1957, S. 48.
[122] Vgl. ebenda, S. 48.
[123] Vgl. *Berger*, Rechtsnatur, BB 1956, S. 534.

mit dessen Ablauf"; allein, auch hieraus läßt sich m. E. kein entscheidendes Argument für oder gegen die Einordnung der AVE als Verwaltungsakt oder als Rechtsverordnung gewinnen.

Auch bezüglich des Antragserfordernisses zum Erlaß einer AVE steht Argument gegen Argument.

Während die Anhänger der VA-Theorie es mit dem Hoheitsanspruch des staatlichen Rechts für unvereinbar halten, daß deren Erlaß vom Antrag Privater abhängig ist[124], halten Vertreter der VO-Theorie dies für keineswegs ungewöhnlich. So weist Hildegard *Krüger* auf die Antragstellung im Rahmen des Verfahrens betr. die Festsetzung von Mindestarbeitsbedingungen bzw. beim Erlaß bindender Festsetzungen nach dem HAG durch den Hauptausschuß (§ 3 Abs. II MindArbBG) bzw. den Heimarbeitsausschuß anstelle der Tarifvertrags-Parteien hin[125]. *Lieb*[126] ist der Ansicht, daß aus dem Antragserfordernis in keiner Weise auf die rechtliche Natur der AVE geschlossen werden könne. Der Staat habe „grundsätzlich auf eigene Ordnung und gesetzliche Durchdringung dieses bestimmten Wirtschaftsbereichs verzichtet"[127].

Er habe dessen Regelung in die Hände der Tarifverbände gelegt und sich verpflichtet, selbst nur dann einzugreifen, wenn die Kräfte der Tariforganisationen zu einer zufriedenstellenden Regelung nicht ausreichen und die Verbände deshalb staatliche Hilfe wünschten. Aus dieser Selbstbeschränkung des Staates könnten aber keine Schlüsse auf die Rechtsnatur des vorbehaltenen staatlichen Eingriffs gezogen werden[128].

Auch wenn man dieser Auffassung grundsätzlich beipflichtet, so ist damit aber doch wiederum nicht mehr ausgesagt, als daß wegen des Antragserfordernisses allein die Möglichkeit nicht ausgeschlossen ist, in der AVE eine Rechtsverordnung zu sehen.

Bei einer zusammenfassenden Betrachtung der Stellungnahmen zur Frage der Abhängigkeit der AVE vom Tarifvertrag läßt sich sagen, daß zwar sowohl bezüglich der inhaltlichen, als auch der zeitlichen Gebundenheit und hinsichtlich des Antragserfordernisses von den Anhängern der VO-Theorie gewichtige Gegenargumente vorgebracht worden sind, die durchaus geeignet scheinen, die Stellungnahmen der VA-Theorie zu erschüttern. Um aber positiv die VO-Natur der AVE zu begründen, reichen sie m. E. nicht aus.

---

[124] Vgl. *Nipperdey-Heussner*, Rechtsnatur, S. 219.
[125] Vgl. *Krüger*, H., Rechtsnatur, RdA 1957, S. 48.
[126] Vgl. *Lieb*, M., Rechtsnatur, RdA 1957, S. 262.
[127] Ebenda, S. 262.
[128] Vgl. ebenda, S. 262.

C. Das Fehlen eines Verkündungszwanges für den allgemeinverbindlich erklärten Tarifvertrag

1. Die Argumentation im einzelnen

Ein weiterer Gesichtspunkt, der für die Charakterisierung der AVE als Verwaltungsakt spreche, sei das Fehlen jeglichen Verkündungszwanges für den allgemeinverbindlich erklärten Tarifvertrag[129]. In § 5 Abs. VII TVG (auch in §§ 6, 13, 18 DVO TVG) ist eine öffentliche Bekanntmachung nur für die AVE sowie für deren Aufhebung vorgesehen, nicht jedoch für den gesamten allgemeinverbindlich erklärten Tarifvertrag. Die Rechtsnormen würden vielmehr überhaupt nicht bekannt gemacht[130].

Es sei sehr fraglich, ob ein solches Vorgehen dem rechtsstaatlichen Grundsatz genüge, daß objektives Recht — auch wenn es sich nicht um Gesetzesrecht handle — der Verkündung bedürfe[131].

Dieses verfassungsrechtliche Prinzip sei in Art. 82 Abs. I Satz 2 GG und im Gesetz über die Verkündung von Rechtsverordnungen[132] festgelegt. Wäre die AVE als Rechtsverordnung zu betrachten, so müßten neben dem Erlaß der AVE auch die Rechtsnormen des betroffenen Tarifvertrags verkündet werden, „denn sonst würde sich die AVE als Rechtsverordnung auf ein nicht verkündetes Normengebäude beziehen"[133]. Insofern widerspreche die DVO TVG dem Verkündungsgesetz, das jedoch „als jüngere und ranghöhere Vorschrift der DVO TVG vorgeht"[134].

Im übrigen weist *Herschel* darauf hin, daß der BMA die in § 5 Abs. VI TVG vorgesehene Weitergabe der Ermächtigung der AVE von Tarifverträgen an die Oberste Arbeitsbehörde eines Landes wegen Art. 80 Abs. I Satz 4 GG ebenfalls nur in der Form einer Rechtsverordnung vornehmen könnte, wenn es sich bei der AVE um eine Rechtsverordnung handeln würde[135]. Insgesamt gesehen ergebe sich daher bei Annahme einer Rechtsverordnung eine derartige Komplizierung des Verfahrens, daß geradezu der Kern der AVE lahmgelegt werde[136].

---

[129] Vgl. hierzu *Zöllner*, Wolfgang, Zur Publikation von Tarifvertrag und Betriebsvereinbarung, DVBl. 1958, S. 124 ff.; *Herschel*, Wilhelm, Zur Rechtsnatur, RdA 1959, S. 361 ff. (363); *Nipperdey-Heussner*, Rechtsnatur, S. 220.
[130] Vgl. *Nipperdey-Heussner*, Rechtsnatur, S. 220.
[131] Vgl. *Berger*, Rechtsnatur, BB 1956, S. 535.
[132] vom 30. Januar 1950, BGBl. I, S. 23.
[133] *Herschel*, W., Zur Rechtsnatur, RdA 1959, S. 363; vgl. ferner *Nipperdey-Heussner*, Rechtsnatur, S. 220.
[134] *Bettermann*, K. A., AVE, RdA 1959, S. 252.
[135] Vgl. *Herschel*, W., Zur Rechtsnatur, RdA 1959, S. 363; vgl. auch *Nipperdey-Heussner*, Rechtsnatur, S. 220.
[136] Vgl. *Herschel*, W., Zur Rechtsnatur, RdA 1959, S. 363.

Auch die Kostenfrage spreche für die Ansicht, die AVE sei ein Verwaltungsakt. Folge man nämlich der Gegenmeinung, so würden den Tarifpartnern, da sie gem. § 16 DVO TVG die Kosten der Veröffentlichung zu tragen hätten, als Privaten die Kosten der Verkündung einer Rechtsverordnung auferlegt[137]. Dies sei jedoch „rechtspolitisch kaum vorstellbar"[138].

2. Kritik zur Frage der Veröffentlichung

Auch bezüglich der Frage der Veröffentlichung fehlt es nicht an Gegenargumenten. So wird von *Zöllner* eingewandt, die Eintragung der AVE ins Tarifregister und deren Veröffentlichung im Bundesanzeiger gem. § 6 Satz 3 i. V. m. § 13 DVO TVG genüge den in Art. 82 Abs. I Satz 2 GG gestellten Anforderungen. Art. 82 Abs. I GG lasse für den Fall anderweitiger gesetzlicher Regelung die Veröffentlichung in anderen Publikationsorganen zu. Dies gelte auch für anderweitige Regelungen in Verordnungen, soweit diese aufgrund ausreichender gesetzlicher Ermächtigung ergangen seien[139].

Auch der Einwand, daß die AVE als Rechtsverordnung nicht mit dem Gesetz über die Verkündigung von Rechtsverordnungen im Einklang stehe, überzeuge nicht. Zwar sei das Verkündigungsgesetz ranghöher, die anderweitige Regelung in der DVO TVG aber spezieller.

Auch Hildegard *Krüger*[140], *Berger*[141] und *Lieb*[142] halten die Veröffentlichung gemäß § 13 DVO TVG für eine als Rechtsverordnung verstandene AVE für hinreichend. Die in Art. 82 Abs. I Satz 2 GG getroffene Regelung gelte nur vorbehaltlich anderweitiger gesetzlicher Regelung. Eine solche sei aber in § 5 Abs. VII TVG — und hierzu sei das RechtsVOVerkündigungsgesetz subsidiär — erfolgt, „und zwar in der Form, daß lediglich die Bekanntmachung der AVE — nicht auch des Tarifvertrags — normiert wird"[143]. Die „Verkündigung" des Inhalts des allgemeinverbindlich erklärten Tarifvertrags erfolge mit dessen Auslegung gem. § 7 TVG.

Es läßt sich also festhalten, daß nach Ansicht der Anhänger der VO-Theorie auch das Erfordernis der Veröffentlichung nicht geeignet ist, den Beweis zu erbringen, daß es sich bei der AVE um einen Verwal-

---

[137] Vgl. ebenda, S. 363.
[138] Ebenda, S. 363; vgl. auch *Nipperdey-Heussner*, Rechtsnatur S. 220.
[139] Vgl. *Zöllner*, W., Rechtsnatur, DB 1967, S. 339.
[140] Vgl. *Krüger*, Hildegard, Rechtsnatur, RdA 1957, S. 50.
[141] Vgl. *Berger*, Rechtsnatur, BB 1956, S. 535.
[142] Vgl. *Lieb*, M., Rechtsnatur, RdA 1957, S. 262.
[143] *Krüger*, Hildegard, Rechtsnatur, RdA 1957, S. 50.

tungsakt handle. Es sei vielmehr auch den bezüglich der Verkündung an eine Rechtsverordnung zu stellenden Anforderungen Genüge geleistet.

Allerdings muß festgestellt werden, daß die von den genannten Autoren vorgebrachte Argumentation nicht alle diesbezüglichen Bedenken ausräumen kann[144]. Denn der Einwand bleibt bestehen, daß zwar die AVE selbst mit konstitutiver Wirkung verkündet wird, nicht aber der für allgemeinverbindlich erklärte Tarifvertrag. Der Tarifvertrag tritt vielmehr nach h. M.[145] bereits mit seinem Abschluß in Kraft, die Eintragung ins Tarifregister gem. § 6 TVG und Auslegung im Betrieb gem. § 7 TVG haben nur deklaratorische Bedeutung.

D. Die Frage der Zustimmungsbedürftigkeit durch den Bundesrat

1. Darstellung

Es wird ferner behauptet, die AVE müsse deshalb ein Verwaltungsakt sein, weil beim Vorliegen einer Rechtsverordnung zu deren Erlaß die Zustimmung des Bundesrates erforderlich wäre[146]. Ergehe nämlich eine Rechtsverordnung aufgrund eines Bundesgesetzes, das der Zustimmung des Bundesrats bedürfe, so sei für deren Erlaß selber — vorbehaltlich anderweitiger bundesgesetzlicher Regelung — die Zustimmung des Bundesrats erforderlich (Art. 80 Abs. II GG)[147]. Sowohl das TVG selbst vom 9. April 1949, als auch das Erstreckungsgesetz vom 23. April 1953 (BGBl. I S. 156) seien nachkonstitutionelles Recht und mit Zustimmung des Bundesrats ergangen (Art. 78 GG)[148]. Eine anderweitige bundesgesetzliche Regelung i. S. d. Art. 80 Abs. II GG sei nicht ergangen[149]. Deshalb sei eine AVE als Rechtsverordnung zustimmungsbedürftig.

Dies führe jedoch zu erheblichen praktischen Schwierigkeiten; vor allem werde das Verfahren zum Erlaß einer AVE in unerträglicher Weise in die Länge gezogen. *Herschel* weist hierbei insbesondere auf Allgemeinverbindlicherklärungen hin, die in der Zeit erlassen werden sollen, in der der Bundesrat in den Ferien weilt[150].

---

[144] Vgl. hierzu *Nipperdey-Heussner*, Rechtsnatur, S. 220.
[145] Vgl. etwa *Hueck-Nipperdey-Stahlhacke*, TVG, 4. Aufl., § 1 Rdn. 31, § 6 Rdn. 1 und 9.
[146] Vgl. *Herschel*, W., Zur Rechtsnatur, RdA 1959, S. 363; desgl. *Nipperdey-Heussner*, Rechtsnatur, S. 221.
[147] Vgl. *Herschel*, W., Zur Rechtsnatur, S. 363.
[148] Vgl. ebenda, S. 363; *Nipperdey-Heussner*, Rechtsnatur, S. 221.
[149] Vgl. *Herschel*, W., Zur Rechtsnatur, S. 363.
[150] Vgl. *Herschel*, W., Zur Rechtsnatur, S. 363.

2. Kritik

Kritisch ist hierzu folgendes anzumerken:

Art. 80 Abs. II GG bestimmt selbst, daß aufgrund anderweitiger bundesgesetzlicher Regelung ein Abweichen vom Erfordernis der Zustimmung des Bundesrats möglich ist. Eine solche anderweitige Regelung könnte in § 5 TVG gegeben sein[151]. § 5 TVG schreibt im einzelnen das Verfahren zum Erlaß einer AVE vor, er gibt auch in Abs. II den Obersten Arbeitsbehörden der betroffenen Bundesländer Gelegenheit zur Stellungnahme, in § 5 Abs. III sogar ein Einspruchsrecht. Insofern ist eine gewisse Beteiligung der Länder am Verfahren zum Erlaß der AVE vorgesehen.

Es könnte also durchaus gefolgert werden, daß sich die Länder beim Erlaß des TVG mit den genannten Rechten begnügt und auf eine Zustimmung des Bundesrats zu jeder einzelnen AVE verzichtet hätten. Die ausführliche Verfahrensregelung in § 5 TVG unter Beteiligung von Länderorganen könnte jedenfalls dafür sprechen.

Allerdings setzt diese Interpretation voraus, daß die „anderweitige bundesrechtliche Regelung" i. S. d. Art. 80 Abs. II GG auch erfolgen kann, ohne daß in der Ermächtigung *ausdrücklich* auf die Zustimmung des Bundesrats verzichtet wird, denn expressis verbis ist hierüber in § 5 TVG nichts enthalten.

Diese Frage ist strittig[152]. Es ist aber zu berücksichtigen, daß der Bundesrat beim Zustandekommen einer zustimmungsbedürftigen Ermächtigungsnorm die Möglichkeit hat, sich sein Einspruchsrecht für den Fall des tatsächlichen Erlasses der Rechtsverordnung zu sichern. Dann aber müßte m. E. in bestimmten Fällen die Annahme möglich sein, daß der Bundesrat auf sein Zustimmungsrecht schon bei Erlaß der Ermächtigungsnorm verzichtet hat. Dies könnte etwa dann angenommen werden, wenn, wie im Fall des § 5 TVG, das Verfahren zum Erlaß einer VO ausdrücklich in der Weise geregelt ist, daß für ein Organ der beteiligten Länder zwar Gelegenheit zur Stellungnahme und ein Einspruchsrecht vorgesehen ist, nicht aber eine positive Beteiligung der Ländervertretung. Es dürfte sich bei dieser Folgerung nicht — wie *Zöllner* meint — um „allzu feine und in ihren Auswirkungen gefährliche Interpretationskunst"[153] handeln, jedenfalls dürfte dieses Ergeb-

---

[151] Vgl. hierzu auch Zöllner, W., Rechtsnatur, DB 1967, S. 337.
[152] Vgl. hierzu etwa *Herrfahrdt*, Heinrich, in: Bonner Kommentar zum GG, Art. 80 Abs. II Satz 2; desgl. *Hamann-Lenz*, Das Grundgesetz für die Bundesrepublik Deutschland, 3. Aufl., Neuwied und Berlin 1970, Art. 80, Rdn. 11; *Maunz-Dürig-Herzog*, GG-Kommentar, Art. 80 Rdn. 23 ff.
[153] Zöllner, W., Rechtsnatur, DB 1967, S. 337.

nis eher vertretbar sein, als der von *Zöllner* gemachte Vorschlag, Art. 80 GG für den Fall der AVE überhaupt für unanwendbar zu erklären, um sich die Möglichkeit offen zu halten, die AVE auch als Rechtsverordnung verstehen zu können[154].

E. Die gesetzliche Ermächtigung für eine als Rechtsverordnung aufgefaßte Allgemeinverbindlicherklärung

1. Darstellung der Frage nach der gesetzlichen Ermächtigung

Ein weiterer Anhaltspunkt dafür, daß die AVE ein Verwaltungsakt sein müsse, wird darin gesehen, daß bei Annahme einer Rechtsverordnung hierfür keine gesetzliche Ermächtigung gegeben sei[155].

Es sei von jeher ein staatsrechtlicher Grundsatz, daß zum Erlaß einer Rechtsverordnung eine gesetzliche Ermächtigung erforderlich sei. Vorkonstitutionelle Ermächtigungen zum Erlaß sogenannter gesetzesvertretender Verordnungen seien jedoch entsprechend Art. 129 Abs. III GG erloschen; dem neuerlichen Erlaß derartiger Verordnungen schiebe Art. 80 Abs. I GG einen Riegel vor[156, 157]. Sei die AVE gesetzesvertretende VO, so könne es für sie wegen Art. 80 Abs. I GG keine gesetzliche Ermächtigung geben. Sei sie jedoch Ausführungs- und Durchführungsverordnung, so sei nicht ersichtlich, „zu welchem konkreten Gesetz (im formellen Sinn) die AVE Ausführungs- oder Durchführungsbestimmung enthalten könnte"[158].

Eine gesetzliche Ermächtigung liege auch nicht in § 5 TVG. Denn § 5 TVG enthalte lediglich eine „Blankettermächtigung zur Erstreckung autonomen Verbandsrechts auf die Außenseiter im Wege der AVE"[159].

Es könne sich also bei der AVE nur um einen Verwaltungsakt handeln, da es bei Annahme einer Rechtsverordnung schon an der gesetzlichen Ermächtigung fehle.

2. Kritik

Den soeben geschilderten Ausführungen kann nicht gefolgt werden. Zum einen ist die Frage der Zulässigkeit von gesetzesvertretenden Ver-

---

[154] Vgl. ebenda, S. 337 f.
[155] Vgl. *Auffahrt*, Anfechtbarkeit, BArbBl. 1957, S. 758; aufgegriffen und ausgeführt wird der Gedanke bei *Nipperdey-Heussner*, Rechtsnatur, S. 220 f.
[156] Vgl. *Auffahrt*, Anfechtbarkeit, BArbBl. 1957, S. 758.
[157] Die Frage, ob für nachkonstitutionelles Recht gesetzesvertretende Verordnungen möglich sind, ist umstritten; zur Streitfrage vgl. *Maunz-Dürig-Herzog*, GG-Kommentar, Art. 80 Rdn. 10 und die dortigen Literaturangaben.
[158] *Auffahrt*, Anfechtbarkeit, BArbBl. 1957, S. 758.
[159] Ebenda, S. 758.

ordnungen sehr strittig; dies räumen auch *Nipperdey-Heussner* ein[160]. Es ist hier nicht der Ort, um diesen Streit in seiner vollen Breite und Tiefe aufzurollen. Es läßt sich jedoch folgendes festhalten:

Folgt man der Meinung, die die gesetzesvertretende VO für zulässig hält, so erledigt sich der Einwand von selbst.

Aber auch dann, wenn man der Gegenmeinung beitritt, läßt sich die Zulässigkeit der AVE als Rechtsverordnung kaum in Abrede stellen[161]. Es erscheint nämlich außerordentlich fragwürdig, ob eine als Rechtsverordnung verstandene AVE eine gesetzesvertretende VO ist.

Der Begriff der gesetzesvertretenden VO wird sehr uneinheitlich gebraucht. Das Bundesverfassungsgericht[162] etwa versteht im Rahmen des Art. 129 Abs. III GG unter gesetzesvertretenden Verordnungen nur solche Verordnungen, die sich auf die Änderung oder Aufhebung eines formellen Gesetzes beziehen. Unter eine solche Begriffsbestimmung würde die AVE natürlich nicht fallen. Aber auch dann, wenn man einem weniger engen Begriff der gesetzesvertretenden Verordnung folgt, wie *Nipperdey-Heussner* dies offenbar tun[163], läßt sich deren Einwand nicht aufrechterhalten.

Nipperdey-Heussner stellen offenbar darauf ab[164], ob in der Ermächtigung schon der materielle Inhalt, Zweck und Ausmaß der zu treffenden Regelung vorgegeben ist. Dann entspreche die Ermächtigung den Erfordernissen des Art. 80 Abs. I Satz 2 GG und sei zulässig.

Genau dies ist aber für die AVE zu bejahen. § 5 TVG nennt recht genau die Voraussetzungen, unter denen eine AVE möglich ist, er setzt auch das Verfahren zu deren Erlaß fest. Natürlich kann § 5 TVG nicht konkret den Inhalt der zu treffenden Regelung angeben, denn Inhalt der AVE sind die Normen des für allgemeinverbindlich zu erklärenden Tarifvertrags und diese unterscheiden sich naturgemäß von Fall zu Fall. Daß also § 5 TVG bezüglich des Inhalts der AVE auf den Tarifvertrag verweisen muß, entspricht der Natur der Sache und kann nicht schaden. Jedenfalls aber ist die AVE inhaltlich voll an den Tarifvertrag gebunden[165], und deshalb ist die in § 5 TVG enthaltene Ermächtigung

---

[160] Vgl. *Nipperdey-Heussner*, Rechtsnatur, S. 220 f.
[161] Keinesfalls kann die Zulässigkeit der AVE als Rechtsverordnung an Art. 129 Abs. III GG scheitern, denn diese Norm gilt nach überwiegender richtiger Meinung nur für vorkonstitutionelles Recht. Dies ergibt sich schon ganz klar aus dem Wortlaut des Art. 129 Abs. III. Daß es sich beim TVG aber um nachkonstitutionelles Recht handelt, geben auch *Nipperdey-Heussner* zu, vgl. dieselben, Rechtsnatur, S. 221.
[162] Vgl. BVerfGE 2, 330, 334.
[163] Vgl. *Nipperdey-Heussner*, Rechtsnatur, S. 221.
[164] Vgl. Zöllner, W., Rechtsnatur, DB 1967, S. 337.
[165] Im übrigen verwenden ja gerade die Anhänger der Verwaltungsakt-Theorie diese inhaltliche Abhängigkeit der AVE vom Tarifvertrag als Argument für ihre Meinung.

zum Erlaß einer AVE inhaltlich so konkret, wie dies von der Natur der Sache her möglich ist.

Es handelt sich also keineswegs, wie etwa Auffahrt[166] meint, um eine bloße Blankettermächtigung.

Dem Bedenken, daß eine als Rechtsverordnung verstandene AVE mangels Ermächtigungsgrundlage nicht zulässig sei und die AVE deshalb Verwaltungsakt sein müsse, kann also nicht gefolgt werden.

III. Bedenken gegen eine Qualifizierung der Allgemeinverbindlicherklärung als einen Unterfall des Verwaltungsakts

Es hat sich gezeigt, daß die von den Anhängern der Verwaltungsakt-Theorien vorgebrachten Argumente jeweils schwerwiegenden Einwänden ausgesetzt sind, so daß es zumindest fraglich erscheint, ob in der AVE — jedenfalls gegenüber den Außenseitern — ein Verwaltungsakt gesehen werden kann.

Das ist jedoch nicht alles. Es wird sich zeigen, daß nicht nur die Argumente der Verwaltungsakt-Theorie selbst Punkt für Punkt von den Gegnern dieser Lehre ins Wanken gebracht sind, sondern daß vielmehr gegen die Ansicht von der AVE als Verwaltungsakt selbst die schwersten Bedenken z. T. fundamentaler Art Platz greifen.

A. Die Frage der Zuständigkeit zum Erlaß der Allgemeinverbindlicherklärung

Ein Einwand gegen die Verwaltungsakt-Theorie kommt von *Berger*[167]. Er legt dar, daß eine als Verwaltungsakt verstandene AVE nicht, wie dies der ganz herrschenden Meinung und der Praxis entspricht, vom BMA, sondern von den Länderarbeitsministern zu erlassen wäre.

Laut § 5 Abs. I TVG kann der Bundesminister für Arbeit und Sozialordnung einen Tarifvertrag für allgemeinverbindlich erklären.

Wäre die AVE jedoch ein Verwaltungsakt, so müßte ihr Erlaß nach dem Grundgesetz Angelegenheit der Länderarbeitsminister sein[168]. Denn nach Art. 83 GG sei die Verwaltung grundsätzlich nicht Sache des Bundes, sondern der Länder; Verwaltungsakte des Bundes seien grundsätzlich nur möglich, soweit das Grundgesetz dies zulasse. „Die AVE gehört zweifellos nicht zur bundeseigenen Verwaltung wie sie in Art. 87

---

[166] Vgl. *Auffahrt*, Anfechtbarkeit, BArbBl. 1957, S. 758.
[167] Vgl. *Berger*, Rechtsnatur, BB 1956, S. 535.
[168] Vgl. ebenda, S. 535, unter Berufung etwa auf *v. Mangoldt*, Herrmann, Das Bonner Grundgesetz, o. Auflage, Berlin und Frankfurt 1953, Art. 129, Erl. 3 a; *Holtkotten*, Hans, in: Bonner Kommentar, Art. 129 Erl. II A 4 c.

GG und an anderen Stellen des Grundgesetzes festgelegt ist[169]." Auch ein sog. „überregionaler Verwaltungsakt", also eine Verfügung, deren Wirkungskreis über den Bereich eines Landes hinausgeht, liege nicht vor. Somit würde die Zuständigkeit zum Erlaß einer AVE, falls diese ein Verwaltungsakt wäre, nicht beim BMA, sondern bei den entsprechenden Länderministerien liegen.

B. Der Widerruf der Allgemeinverbindlicherklärung als begünstigendem Verwaltungsakt

Eine Einordnung der AVE als Verwaltungsakt würde jedoch noch zu weiteren Schwierigkeiten führen.

Nach § 5 Abs. V TVG kann der BMA die AVE nur einheitlich gegenüber sämtlichen Betroffenen aufheben. Falls es sich bei der AVE um einen Verwaltungsakt handeln würde, müßte wohl in der Mehrzahl der Fälle ein begünstigender Verwaltungsakt angenommen werden. *Nipperdey-Heussner*[170] weisen nun m. E. zutreffend darauf hin, daß der Widerruf eines begünstigenden Verwaltungsaktes allein aus Gründen des öffentlichen Interesses den Grundsätzen des Verwaltungsrechts widerspreche. Völlig ausgeschlossen sei jedoch ein kollektiver Widerruf wie im Fall der AVE. „Keinesfalls darf von der Verwaltung, gleich gegenüber einer unbestimmten Vielzahl von Personen, ohne Rücksicht auf die individuellen Belange, einheitlich die einmal eingeräumte persönliche Rechtsstellung wieder genommen werden[171]."

C. Die Frage der Beiladung

Noch auf ein weiteres Bedenken gegen eine Einordnung der AVE als Verwaltungsakt ist einzugehen, nämlich auf die Frage der Beiladung im Falle eines Verfahrens um eine AVE.

Schon *Bettermann*[172] und ihm folgend *Nipperdey-Heussner*[173] haben darauf hingewiesen, daß gegen eine als Verwaltungsakt verstandene AVE kein hinreichender Rechtsschutz für die Betroffenen möglich wäre.

So wie die AVE gegenüber allen Außenseitern nur einheitlich erlassen und aufgehoben werden kann, könne auch im Falle einer Anfechtung ihre Rechtsgültigkeit nur gegenüber allen in Frage kommen-

---

[169] *Berger*, Rechtsnatur, BB 1956, S. 535.
[170] Vgl. *Nipperdey-Heussner*, Rechtsnatur, S. 227 f.
[171] *Nipperdey-Heussner*, Rechtsnatur, S. 228 unter Hinweis auf *Forsthoff*, E., Lehrbuch, § 13, 2 c (S. 255 ff.).
[172] Vgl. *Bettermann*, K. A., AVE, RdA 1959, S. 251.
[173] Vgl. *Nipperdey-Heussner*, Rechtsnatur, S. 228 ff.

den Außenseitern gemeinsam festgestellt werden[174]. Hierbei könne es keine Rolle spielen, ob die Betroffenen am Verfahren gem. § 5 Abs. II TVG teilgenommen haben oder nicht[175]. Es sei nur ein einheitlicher Erlaß und eine einheitliche Aufhebung, auch durch verwaltungsgerichtliches Urteil, gegenüber allen Betroffenen möglich.

Dann seien aber im Falle eines Verwaltungsprozesses gem. § 65 Abs. II VerwGO auch die am einzelnen Prozeß nicht unmittelbar beteiligten Dritten, denen gegenüber die Entscheidung nur einheitlich ergehen kann, beizuladen. M. a. W. müsse gegenüber allen betroffenen Außenseitern notwendig eine Beiladung erfolgen.

Dies sei jedoch praktisch unmöglich, da dem Gericht alle Außenseiter nicht einmal namentlich, geschweige denn mit voller Adresse bekannt seien. Das Hindernis lasse sich auch nicht durch öffentliche Zustellung der Beiladung überwinden, da hierfür gem. § 15 Abs. 1 a VwZG Voraussetzung sei, daß „der Aufenthaltsort des Empfängers unbekannt" sei — somit müsse dieser also der Person nach feststehen[176]. Dies sei jedoch hinsichtlich der Außenseiter nicht der Fall[177]. Wird jedoch eine notwendige Beiladung vom Gericht unterlassen, so bleibt das Urteil nach h. M. unwirksam[178], „weil in allen Fällen der notwendigen Beiladung die Rechtskrafterstreckung auf den Dritten Voraussetzung für den Eintritt der Urteilswirkung ist"[179].

Der eben geschilderte Einwand besteht m. E. zu Recht, und es dürfte *Nipperdey-Heussner* beizupflichten sein, wenn sie meinen, „das Hindernis" ließe „sich auch in keiner Weise überwinden"[180].

D. Bei Annahme eines Verwaltungsakts in der Form der Allgemeinverfügung ist der Adressatenkreis der Allgemeinverfügung nicht hinreichend bestimmbar

Bei den soeben vorgebrachten Einwänden handelte es sich um Bedenken mehr formaler Art. Es gibt jedoch auch sehr gewichtige materielle Gründe, die der Annahme einer Allgemeinverfügung, also eines Verwaltungsakts entgegenstehen. Von den Anhängern der Verwaltungsakt-Theorie wird behauptet, die AVE sei eine Allgemeinverfügung. Um

---

[174] Vgl. *Nipperdey-Heussner*, Rechtsnatur, S. 229.
[175] Vgl. ebenda, S. 229.
[176] Vgl. ebenda, S. 230.
[177] Vgl. ebenda, S. 230.
[178] Vgl. BayVGH DÖV 50, 725; OVG Münster, OVGE 4, 10; *Ule*, Carl Herrmann, Verwaltungsprozeßrecht, 5. Aufl., München 1971, § 22 III; *Bachof*, Anm. zu Hess. VGH vom 10. 2. 50 — MDR 50, 374 ff., insbes. 376; *Eyermann-Fröhler*, VwGO, § 65, Rdn. 39 mit weiteren Nachweisen zu Lit. und Rspr.
[179] *Eyermann-Fröhler*, VwGO, § 65, Rdn. 39.
[180] *Nipperdey-Heussner*, Rechtsnatur, S. 229.

diesbezüglich Stellung nehmen zu können, ist es erforderlich, sich etwas näher mit dem Wesen der Allgemeinverfügung zu befassen.

Es ist verwunderlich, daß über die Anwendbarkeit eines so geläufigen Begriffs, wie ein Verwaltungsakt — und die Allgemeinverfügung ist ja nichts anderes als ein Verwaltungsakt, bzw. nach *Eyermann-Fröhler*[181] ein Bündel von Verwaltungsakten — eigentlich sein sollte, ein so lang andauernder und heftiger Streit in der Arbeitsrechtswissenschaft entbrennen konnte.

Die Ursache hierfür liegt m. E. darin, daß zum einen auch in der Verwaltungsrechtswissenschaft über das Wesen der Allgemeinverfügung keine Einigkeit herrscht und zum andern darin, daß vielfach die Kriterien, nach denen eine Allgemeinverfügung bestimmt ist, nicht genau genug auseinander gehalten werden.

Der Verwaltungsakt regelt einen Einzelfall. Insoweit herrscht Einigkeit. Zur Abgrenzung des Verwaltungsakts von der Rechtsverordnung ist es aber nun nötig, die Einzelfallregelung begrifflich zu bestimmen. Dazu kann auf folgende Gesichtspunkte abgestellt werden[182]:

(1) Auf den zu regelnden Fall. Hierunter ist nach h. M. der von der Regelung betroffene reale Lebenssachverhalt zu verstehen[183]. Der geregelte Fall kann nun konkret oder abstrakt sein.

   (a) Ein konkreter Fall liegt vor, wenn die Umstände des zu regelnden Sachverhalts genau bestimmt sind (z. B. A hat DM 100,— an die Gemeinde X zu zahlen).

   (b) Um einen abstrakten Fall handelt es sich, wenn nur die begrifflichen Merkmale eines Sachverhaltes gegeben sind, wenn also ein gedachter Fall geregelt wird, um jede künftige Tatbestandsverwirklichung zu erfassen.

(2) Es kann nun aber nicht nur auf den zu regelnden Fall, sondern auch auf den betroffenen Adressatenkreis abgestellt werden. Diesbezüglich ist zu unterscheiden zwischen individueller und genereller Regelung.

   (a) Die Adressaten sind individuell bestimmt, wenn die Regelung an eine oder mehrere konkrete, namentlich bestimmte Person(en) gerichtet ist.

---

[181] Vgl. *Eyermann-Fröhler*, VwGO, § 42, Rdn. 32.
[182] Aus dem zahlreichen Schrifttum sei insbes. auf *Volkmar*, Dieter, Allgemeiner Rechtssatz und Einzelakt, Berlin 1962, S. 75 f., in der Reihe Schriften zum Öffentlichen Recht, Bd. 8, hingewiesen.
[183] a. A. vgl. ebenda, S. 84 ff.

3. Kap.: Allgemeinverbindlicherklärung als VA gegenüber Außenseitern

(b) Eine generelle Regelung dagegen liegt vor bei unbestimmtem Adressatenkreis.

Es lassen sich also vier Fallgruppen unterscheiden:

konkret-individuell, konkret-generell, abstrakt-individuell, abstrakt-generell[184, 185].

Daß es sich bei konkret-individuellen Regelungen um Verwaltungsakte und bei abstrakt-generellen Regelungen um Rechtsverordnungen handeln muß, ist ohne weiteres klar. Abstrakt-individuelle Regelungen werden wohl allgemein als Verwaltungsakte angesehen.

Schwierigkeiten bereitet jedoch die Grenzziehung zwischen konkret-individueller und konkret-genereller Regelung. In diesem Bereich ist nämlich die Allgemeinverfügung angesiedelt.

Unbestritten ist zunächst, daß es für die Annahme einer Allgemeinverfügung ausreicht, wenn bei Erlaß der Regelung die Adressaten bestimmt sind, also zahlenmäßig feststehen. Die von der Verfügung betroffenen Personen brauchen also nicht namentlich genannt, ja nicht einmal namentlich bekannt zu sein. Es genügt, wenn die Adressaten letztlich feststellbar wären.

Bezüglich der Feststellbarkeit — oder Bestimmbarkeit[186] — der Betroffenen ist aber nach wohl herrschender und richtiger Meinung auf den Zeitpunkt des Erlasses der Regelung abzustellen[187, 188]. Wenn es

---

[184] Vgl. hierzu *Volkmar*, D., Allgemeiner Rechtssatz, a.a.O., S. 76.

[185] Im einzelnen herrscht keine Einigkeit darüber, auf welche Unterscheidung abzustellen ist; so halten v. a. *Wolff* und *Forsthoff* es für ausreichend, nur zwischen konkreten und abstrakten Regelungen zu unterscheiden. Die Frage des Adressatenkreises sei nicht von bestimmendem Einfluß. Vgl. *Wolff*, H. J., Verwaltungsrecht I, § 46 VI a (S. 305); *Forsthoff*, E., Lehrbuch, S. 193, 197, anders aber S. 211, Anm. 3.
Andere Autoren dagegen stellen nur auf die Unterscheidung generell-individuell ab; vgl. etwa *Fuss*, Ernst-Werner, Allgemeiner Rechtssatz und Einzelakt, DöV 1964, S. 522 ff. (526 f.); vgl. auch EurGH NJW 63, 782. Die wohl h. M. aber zieht zur Unterscheidung beide Kriterien heran, vgl. etwa *Volkmar*, D., Rechtssatz, S. 75 f., 257 f.; BVerwGE 12, 89; 18, 3; vgl. BVerwG NJW 67, 1628.

[186] Vgl. hierzu *Küchenhoff*, Günther, Die Rechtsnatur der staatlichen Genehmigung zu Rechtsetzungsakten öffentlicher Körperschaften, JuS 1965, S. 52 ff. (53); a. A. *Volkmar*, D., Rechtssatz, S. 258; der den Begriff der Bestimmbarkeit als zur Abgrenzung unbrauchbar ablehnt.

[187] Die etwa von VGH Kassel NJW 64, 564 vorgebrachte Meinung, die in der Frage der Bestimmbarkeit nicht auf den Erlaß der Regelung abstellt, sondern auf den Zeitpunkt, zu dem die Verfügung wirksam wird, ist deshalb abzulehnen, weil auch bei Rechtsverordnungen normalerweise im Zeitpunkt der Tatbestandserfüllung bestimmt ist, wer betroffen ist.

[188] So auch *Fuss*, E.-W., Rechtssatz und Einzelakt im Europäischen Gemeinschaftsrecht, NJW 1964, S. 945 ff. (947); *Volkmar*, D., Rechtssatz, S. 62; BVerwGE 18, 4; VGH Mannheim, DVBl. 65, 611; offen bei BVerwG NJW 67, 1628.

nämlich möglich ist, daß nach Jahr und Tag noch Personen in den Wirkungsbereich einer Regelung geraten, die womöglich zur Zeit des Erlasses noch nicht einmal geboren waren, kann von Bestimmbarkeit oder gar Bestimmtheit der Adressaten keine Rede sein[189]. Sind jedoch die Betroffenen nicht feststellbar, so handelt es sich ohne Zweifel um eine generelle Regelung, wenn auch mit konkretem Inhalt.

Konkret-generelle Regelungen sind jedoch nach überwiegender und richtiger Meinung nicht als Verwaltungsakt, auch nicht in der Form der Allgemeinverfügung anzusehen[190, 191].

Es bleibt also festzuhalten, daß bei der Beurteilung der Frage, ob eine Allgemeinverfügung vorliegt, hinsichtlich der Bestimmbarkeit der Adressaten auf den Zeitpunkt des Erlasses der Regelung abzustellen ist.

Auf die AVE von Tarifverträgen angewandt, bedeutet dies, daß die AVE kein Verwaltungsakt gegenüber den Außenseitern sein kann, da der von dem Hoheitsakt betroffene Personenkreis sich ständig ändert. Neue Arbeitnehmer und Arbeitgeber gelangen in den Geltungsbereich des allgemeinverbindlich erklärten Tarifvertrags, andere scheiden aus, so daß von einem bestimmten oder wenigstens bestimmbaren Adressatenkreis keine Rede sein kann.

E. Die AVE ist ein Rechtsetzungsvorgang

Noch ein weiteres fundamentales Bedenken steht einer Einordnung der AVE als Verwaltungsakt entgegen. M. E. berücksichtigt nämlich die Verwaltungsakt-Theorie nicht, daß durch den Erlaß einer AVE für einen bestimmten Personenkreis, nämlich für alle betroffenen Außenseiter, Recht gesetzt wird. Für einen Außenseiter besteht bis zur AVE eines ihn betreffenden Tarifvertrags nur eine Regelung in Form eines privatrechtlichen Vertrages, nämlich seines (Einzel-)Arbeitsvertrages. Mit der AVE wird diese vertragliche Regelung außer Kraft gesetzt und an ihre Stelle tritt der Inhalt des allgemeinverbindlich erklärten Tarifvertrags.

Hierbei handelt es sich eindeutig um einen Akt der Rechtsetzung und nicht der Verwaltung.

---

[189] So auch *Küchenhoff*, Günther, Genehmigung, JuS 1965, S. 53.
[190] Zu diesem Ergebnis kommen etwa auch: *Fuss*, E.-W., Rechtssatz, DöV 1964, S. 526; *Drews-Wacke*, Allgemeines Polizeirecht, Berlin u. a. 1961, 7. Aufl., § 17, 2 (S. 267 f.); OVG Lüneburg, OVGE 6, 267; BVerwGE 18, 3 f.; im Ergebnis auch BVerwG NJW 67, 1628; abweichend im Ergebnis *Volkmar*, D., Rechtssatz, S. 173, BVerwGE 12, 90.
[191] a. A. insbes. *Wolff*, H. J., und *Forsthoff*, E., die ja, wie oben geschildert, nur auf die Unterscheidung konkret-abstrakt abstellen; vgl. oben Anm. 185.

Dies wird m. E. von der Verwaltungsakt-Theorie nicht genügend berücksichtigt; bleibt doch nach dieser Meinung letztlich die entscheidende Frage ungeklärt, wie es nämlich möglich sein soll, daß durch die AVE einerseits für einen größeren, letztlich nicht genau bestimmten Kreis von Personen Recht gesetzt wird — wir es also mit einem Rechtsetzungsvorgang zu tun haben — andererseits aber es sich dabei um eine Verwaltungsmaßnahme handeln soll.

Dieser innere Gegensatz wiegt, zusammen mit dem Argument des unbestimmten Adressatenkreises, nach meinem Dafürhalten erheblich stärker als die mehr oder weniger formalen Gründe der Verwaltungsakt-Theorie und macht es unmöglich, in der AVE, jedenfalls gegenüber den Außenseitern, einen Verwaltungsakt zu sehen.

Zweiter Abschnitt

Die Lehre von der Doppelnatur der Allgemeinverbindlicherklärung

Nachdem sich gezeigt hat, daß der Verwaltungsakt-Theorie nicht gefolgt werden kann, wird im nun folgenden Teil näher auf die Lehre von der Doppelnatur der AVE einzugehen sein.

1. Kapitel: Darstellung der Lehre

Die Lehre von der Doppelnatur der AVE wurde begründet von *Nipperdey-Heussner*[1, 2]. Ihr zufolge hat die AVE einen zweifachen Charakter, je nachdem, ob sie im Hinblick auf die Außenseiter oder im Hinblick auf die Tarifvertragsparteien betrachtet wird.

Nach dieser Lehre ist die AVE gegenüber den Außenseitern „weder ein Verwaltungsakt, noch eine Rechtsverordnung, ... sondern eine entscheidende staatliche Mitwirkungshandlung an einem autonomen Rechtsetzungsverfahren"[3]; es handelt sich um einen „unselbständigen Rechtsetzungsakt eigener Art"[4].

Gegenüber den Tarifverbänden jedoch sei sie ein Verwaltungsakt[5, 6]. Es liegt hier folgender Gedankengang zugrunde: Die Tarifvertragsparteien hätten autonome Rechtsetzungsbefugnis nicht nur gegenüber den Tarifgebundenen, sondern auch gegenüber den Außenseitern.

---

[1] Vgl. *Nipperdey-Heussner*, Rechtsnatur, S. 221 ff.
[2] Vertreten ebenfalls bei *Hueck-Nipperdey*, Lehrbuch II, S. 660 f.; *Hueck-Nipperdey-Stahlhacke*, TVG, § 5, Rdn. 48 ff.; *Schneider*, Hans, Autonome Satzung und Rechtsverordnung, in: Festschrift für Philipp Möhring, München und Berlin 1965, S. 521 ff. (533 ff.); *Dellmann*, H., AVE, insbes. S. 95 ff.; *Sträter*, Brigitte, Die Allgemeinverbindlicherklärung von Tarifverträgen, Diss. jur. Würzburg 1967, S. 79 ff.; vgl. auch BAG AP Nr. 12 zu § 5 TVG; BAG AP Nr. 2 zu § 4 TVG Ausgleichsklasse.
[3] *Hueck-Nipperdey*, Lehrbuch II, S. 660.
[4] Ebenda, S. 660.
[5] Vgl. *Nipperdey-Heussner*, Rechtsnatur, S. 231 ff.
[6] Unrichtig hierzu die Ansicht von *Schantl*, G., Allgemeinverbindlicherklärung, S. 174, der für den Fall eines unveränderlich feststehenden Kreises von *Arbeitgebern diesem Personenkreis* gegenüber einen Verwaltungsakt annimmt. Auch wenn der Kreis der von einer AVE betroffenen Arbeitgeber *ausnahmsweise* feststünde, wäre diesbezüglich keine differenzierende Betrachtungsweise möglich; auch gegenüber den Arbeitgebern wird in der AVE *Recht* gesetzt.

Hierbei wird auf die Lehre von Walter *Bogs* von der erweiterten Autonomie der Verbände zurückgegriffen[7]. Diese „erweiterte Autonomne" befähige die Tarifverbände zur Rechtsetzung auch gegenüber den Außenseitern, allerdings sei hierfür eine besondere staatliche Zustimmung, eben die AVE erforderlich. Ganz deutlich wird dies etwa mit folgendem Satz ausgedrückt: „Der Staat stimmt durch die AVE lediglich der Ausübung einer bereits vorhandenen autonomen Rechtsetzungsbefugnis der Verbände gegenüber den Außenseitern zu[8]." Vergleichbar sei dieser Vorgang etwa der Genehmigung einer autonomen Satzung, die AVE sei ein Parallelfall hierzu[9]. Da die AVE gegenüber den Tarifvertragsparteien jedoch ein Verwaltungsakt sei[10], zeige sich, daß dieses Institut eine Doppelnatur habe.

Dergleichen sei durchaus möglich; *Obermayer*[11] habe „dies hinsichtlich der staatlichen unselbständigen Rechtsetzungsakte gegenüber den Gemeinden bereits überzeugend dargetan"[12].

2. Kapitel: Stellungnahme

Die Lehre von der Doppelnatur der AVE scheint auf den ersten Blick eine verblüffend elegante Lösung des Streits um die Rechtsnatur der AVE zu bringen. Allerdings drängen sich auch alsbald verschiedene Bedenken gegen diesen Lösungsvorschlag auf[13].

I. Die Voraussetzung einer erweiterten Autonomie der Verbände kann nicht aufrechterhalten werden

Einen ersten Ansatzpunkt zur Kritik bildet der Umstand, daß die Lehre von der Doppelnatur der AVE eine „erweiterte Autonomie" der Tarifverbände voraussetzt. Wie bereits weiter oben[14] gezeigt wurde, kann dieser Ansicht nicht gefolgt werden. Es mag hier ein kurzes Eingehen auf die Ablehnungsgründe genügen, im übrigen wird auf das oben[14] gesagte verwiesen.

---

[7] Vgl. hierzu die Darstellung dieser Lehre oben im 1. Abschn., 1. Kap. unter I, worauf bei dieser Gelegenheit verwiesen wird.
[8] *Nipperdey-Heussner*, Rechtsnatur, S. 223.
[9] Vgl. ebenda, S. 224.
[10] Vgl. ebenda, S. 231 ff.
[11] Vgl. *Obermayer*, Klaus, Die staatsaufsichtlichen Rechtsakte gegenüber den Gemeinden, BayVBl. 1962, S. 39 ff. (40).
[12] *Nipperdey-Heussner*, Rechtsnatur, S. 232.
[13] Zur Kritik an der Lehre von der Doppelnatur der AVE vgl. insbes. *Bettermann*, K. A., Rechtsetzungsakt, S. 723 ff.; *Zöllner*, W., Rechtsnatur, DB 1967, S. 335 f.; *Gross*, Rolf, Zur Rechtsnatur der Allgemeinverbindlicherklärung, NJW 1965, S. 283 ff.; *Spanner*, H., Rechtsnatur, DöV 1965, S. 154 ff.
[14] Vgl. hierzu oben 1. Abschn., 1. Kap. unter I B.

(a) Die Annahme einer erweiterten Autonomie der Verbände widerspricht dem Verbandsprinzip (Mitgliedschaftsprinzip), das, in der Vereinsnatur der Tarifverbände wurzelnd, die Tarifautonomie grundsätzlich auf den Kreis der Mitglieder beschränkt.

(b) Ferner steht die Annahme einer autonomen Rechtsetzungsbefugnis der Tarifverbände auch über die Außenseiter im Widerspruch zur negativen Koalitionsfreiheit[15].

(c) Für die Annahme einer erweiterten Autonomie gibt es keinerlei gesetzliche Anhaltspunkte, geschweige denn deren gesetzliche Festlegung. Die Heranziehung der §§ 3 Abs. II und III, sowie 4 Abs. II TVG für diese Lehre bedeutet eine Umkehrung des Regel-Ausnahme-Verhältnisses.

Im übrigen betont auch *Nipperdey* in anderem Zusammenhang, daß die Legitimation der tariflichen Normbildung durch den freien Beitritt der Mitglieder Voraussetzung in einem freiheitlichen Rechtsstaat sei[16].

II. Ein Vergleich der Allgemeinverbindlicherklärung mit der staatlichen Genehmigung von Satzungen autonomer Verbände ist nicht möglich

Lehnt man nun die Lehre von der erweiterten Autonomie ab, so trägt auch der Vergleich mit der staatlichen Genehmigung von Satzungen autonomer Verbände[17] nicht mehr.

Im Fall der Genehmigung einer autonomen Satzung durch die staatliche Aufsichtsbehörde erfolgt der eigentliche Rechtsetzungsvorgang nämlich durch die Selbstverwaltungskörperschaft. Die erforderliche staatliche Genehmigung stellt nicht mehr dar, als die Ausübung — bzw. ausdrückliche Nichtausübung — eines staatlichen Vetorechts[18]. Die „‚Zustimmung' der staatlichen Aufsichtsbehörde ist nichts anderes als die Willenserklärung, daß von dem Vetorecht des Staates kein Gebrauch gemacht werde"[19]. Diese staatliche Willenserklärung erfolgt durch Verwaltungsakt gegenüber der Körperschaft.

Wenn also von der wohl herrschenden Meinung[20] die staatliche Zustimmung zur autonomen Rechtsetzung einer innerstaatlichen Körper-

---

[15] Vgl. hierzu auch *Zöllner*, W., Tarifmacht, RdA 1962, S. 457 f.; *Spanner*, H., Zur Rechtsnatur, DöV 1965, S. 156; *Bettermann*, K.A., Rechtsetzungsakt, S. 735 f.
[16] Vgl. *Hueck-Nipperdey*, Lehrbuch II, S. 350, Anm. 23.
[17] Vgl. *Nipperdey-Heussner*, Rechtsnatur, S. 224.
[18] Vgl. hierzu *Küchenhoff*, Günther, Rechtsnatur, JuS 1965, S. 52 ff. (57).
[19] *Küchenhoff*, Günther, Rechtsnatur, JuS 1965, S. 57.
[20] Vgl. hierzu die Literaturübersicht ebenda, S. 57 Anm. 46.

schaft als Verwaltungsakt gesehen wird, so kann das nur heißen, daß die staatliche Aufsichtsbehörde ihre Willenserklärung, sie wolle das ihr zustehende Vetorecht nicht ausüben, der Selbstverwaltungskörperschaft gegenüber in der Form des Verwaltungsakts abgibt. Der Rechtsetzungsakt hingegen erfolgt durch die autonome Körperschaft. Anders bei der AVE: Der Rechtsetzungsvorgang erfolgt nicht schon durch die Tarifverbände und kann dies auch gar nicht, da ihnen ja, gegenüber den Außenseitern, eine Rechtsetzungsbefugnis fehlt.

Recht gesetzt wird für die Außenseiter erst in der AVE, die dadurch aber ungleich mehr ist, als nur eine Genehmigung oder die Nichtausübung eines staatlichen Vetorechts.

Die AVE kann also nicht mit der Genehmigung von autonomen Rechtsetzungsakten der Selbstverwaltungskörperschaften verglichen werden. „Die dem Arbeitsminister zustehende Allgemeinverbindlicherklärung hat also nicht nur einen anderen Namen als die staatliche Genehmigung von innerstaatlichen körperschaftlichen Rechtsetzungsakten, sondern zeigt darüber hinaus gerade den Unterschied zwischen eigener staatlicher Rechtsetzung und der Genehmigung nichtstaatlicher Rechtsetzung[21]."

III. Ergebnis

Lehnt man die Lehre von der erweiterten Autonomie der Verbände ab, dann kann auch die Folgerung von *Nipperdey-Heussner* nicht aufrechterhalten werden, daß es sich bei der AVE gegenüber den Außenseitern nur um staatliche Mitwirkung bei autonomer Rechtsetzung handle. Sicherlich sind die Koalitionen am Erlaß der AVE beteiligt, aber nur insoweit, als sie den Inhalt des Tarifvertrags bestimmen und Antrags- und Beratungsbefugnisse haben. Geltungsgrund für die Außenseiter ist aber nur der staatliche Rechtsetzungsakt, somit ist die AVE Rechtssatz.

Ist die AVE aber Rechtssatz, dann kann sie nicht gleichzeitig auch noch Verwaltungsakt sein[22]. Eine derartige Konstruktion ist auch nicht erforderlich; sie ist, wie Spanner bemerkt, „der typische Fall der Betrachtung eines Sachverhalts vom Standpunkt der Ermöglichung des

---

[21] *Küchenhoff*, Günther, Rechtsnatur, JuS 1965, S. 58; gleicher Ansicht: *Spanner*, H., Zur Rechtsnatur, DÖV 1965, insbes. S. 156; *Zöllner*, W., Rechtsnatur, S. 335 f.
[22] Die umstrittene Frage, ob bei Annahme lediglich einer staatlichen Mitwirkungshandlung bei autonomer Rechtsetzung überhaupt Doppelnatur möglich wäre, kann also dahingestellt bleiben. Zweifelnd etwa *Bettermann*, Rechtsetzungsakt, S. 724 ff. mit Übersicht über die Rspr.; ähnlich *Zöllner*, W., Rechtsnatur, DB 1967, S. 335; ablehnend *Fichtmüller*, Carl Peter, Doppelnatur von Verwaltungsakten, JuS 1965, S. 350 ff.

verwaltungsrechtlichen Rechtsschutzes, wobei ... nicht beachtet wird, daß die Generalklausel des § 40 VwGO sich allgemein auf öffentlich-rechtliche Streitigkeiten bezieht"[23].

Um hinreichenden Rechtsschutz zu gewährleisten, ist es aber nicht erforderlich, der AVE, jedenfalls im Verhältnis zu den Tarifverbänden, Verwaltungsaktscharakter beizulegen — hierauf wird noch zurückzukommen sein[24].

---

[23] *Spanner*, H., Zur Rechtsnatur, DöV 1965, S. 158.
[24] Vgl. zu den Rechtsschutzerwägungen unten Kap. 3.

Dritter Abschnitt

Die Allgemeinverbindlichkeitserklärung als Rechtsverordnung

Es hat sich gezeigt, daß weder der Verwaltungsakt-Theorie noch der Lehre von der Doppelnatur der AVE gefolgt werden konnte. Deshalb soll nun die Ansicht erörtert werden, die in der AVE eine Rechtsverordnung sieht[1].

1. Kapitel: Darstellung der Verordnungstheorie

Die Argumentation für diese Meinung bringt nichts wesentlich Neues. In der Literatur werden vielmehr die gegen die Verwaltungsakt-Theorie vorgebrachten Argumente für die Meinung verwendet, die AVE müsse eine Rechtsverordnung sein. Denn, so wurde vor allem vor Einführung der Lehre von der Doppelnatur der AVE argumentiert, wenn die AVE kein Verwaltungsakt sei, müsse es sich um eine Rechtsverordnung handeln, da nur diese beiden Formen zur Verfügung stünden.

Es mag daher an dieser Stelle eine kurze Wiederholung genügen; im übrigen sei auf die obigen Ausführungen[2] verwiesen. Es handelt sich dabei zunächst um die Entgegnungen auf Argumente der Verwaltungsakt-Theorie. Sodann wird insbesondere für die Rechtsverordnung-Theorie angeführt, daß der Adressatenkreis der AVE nicht genau genug bestimmt sei, um einen Verwaltungsakt annehmen zu können, und daß es sich bei der AVE um einen Akt der Rechtsetzung handle, der keine Verwaltungsmaßnahme sein könne.

---

[1] Für die Rechtsverordnung-Theorie vgl. insbes.: *Berger*, Rechtsnatur, BB 1956, S. 533 ff.; ders., Die Allgemeinverbindlicherklärung als Rechtsverordnung — Stellungnahme, DVBl. 1956, S. 858 ff.; *Bettermann*, K. A., AVE, RdA 1959, S. 245 ff.; ders., Rechtsetzungsakt, S. 723 ff.; *Buchner*, Herbert, Tarifvertragsgesetz und Koalitionsfreiheit, Diss. jur. München 1964, S. 27; *Eyermann-Fröhler*, VwGO, § 42 Rdn. 33; *Krüger*, Hildegard, Rechtsnatur, RdA 1957, S. 46 ff.; *Klinger*, H., VwGO, § 42 E II, Anm. 52 (unter f); *Lieb*, M. Rechtsnatur und Mängel, RdA 1957, S. 260 ff.; ders., Rechtsnatur, S. 76 ff.; *Spanner*, H., Zur Rechtsnatur, DöV 1965, S. 154 ff.; *Thiele*, W., Zur Rechtsnatur, ArbuR 1958, S. 18 ff. (22); *Wawretzko*, H., Für allgemeinverbindlich erklärte Tarifverträge sind Rechtsverordnungen, Der Arbeitgeber 1959, S. 299 ff.; *Wertenbruch*, Zur Rechtsnatur, RdA 1959, S. 67 ff.; *Wolff*, H. J., Verwaltungsrecht I, § 25 XI a; *Zöllner*, W. Rechtsnatur, DB 1967, S. 334 ff.

[2] Vgl. hierzu die Ausführungen oben zu Abschn. I, Kap. 3, II.

Neben den genannten Argumenten scheint noch eine gewisse Tendenz zu arbeitsrechtlichen Rechtsverordnungen für die Qualifizierung der AVE als Rechtsverordnung zu sprechen. So weist Hildegard *Krüger* auf „arbeitsrechtliche Parallelakte . . ., nämlich die Festsetzung von Entgelten und sonstigen Vertragsbedingungen mit bindender Wirkung ‚für alle Beteiligten' durch den Heimarbeitsausschuß gem. § 19 Abs. 1 HeimarbG"[3] hin. Ähnliches gelte für die Festsetzung von Mindestarbeitsbedingungen nach dem MindArbBG[4]. Die Regelungen seien ihrem Wesen nach der AVE vergleichbar, und es bestehe kein Zweifel, daß es sich hierbei um Rechtsverordnungen handle[5].

2. Kapitel: Stellungnahme

Zum Zweck einer Stellungnahme zur Rechtsverordnung-Theorie ist es nützlich, wiederum zu unterscheiden, ob die rechtliche Natur der AVE hinsichtlich der Tarifvertragsparteien oder hinsichtlich der Außenseiter betrachtet wird.

I. Beurteilung hinsichtlich der Außenseiter

Es ist nicht zu leugnen, daß durch die AVE für die bisher nicht Tarifgebundenen, die Außenseiter, Recht gesetzt wird[6]. Es handelt sich also diesem Personenkreis gegenüber der Entstehung nach um einen Akt der Rechtsetzung.

Daß dieser Rechtsetzungsvorgang nicht dem gewohnten Bild einer typischen Rechtsverordnung entspricht[7], liegt auf der Hand, wird doch ihr Inhalt völlig von Privaten bestimmt und ist doch ihr Erlaß vom Antrag ebenfalls einer privaten Organisation abhängig.

Der Staat erläßt nicht selbstherrlich — wie dies vielleicht einer verbreiteten Vorstellung von einer Rechtsverordnung entsprechen könnte — eine VO, sondern überläßt die Festsetzung des Inhalts in weiser Selbstbeschränkung denen, die es besser wissen und können, nämlich den Tarifpartnern[8]. Diese setzen, wie es ihrer Aufgabe ent-

---

[3] *Krüger,* Hildegard, Rechtsnatur, RdA 1959, S. 49.
[4] Vgl. ebenda, S. 49.
[5] Vgl. ebenda, S. 49 f.
[6] Vgl. hierzu oben Abschn. I, Kap. 3, III E.
[7] Vgl. auch *Zöllner,* Wolfgang, Rechtsnatur, DB 1967, S. 336.
[8] Vgl. hierzu auch *Schantl,* G., Allgemeinverbindlicherklärung, S. 177: Es „entwickelte sich auch eine vom herkömmlichen Bild der Durchführungsverordnung abweichende Art von Verordnungen. Sie konkretisiert den Willen des Gesetzgebers nicht mehr hinsichtlich der Verbindlichkeit u n d (im Original gesperrt; d. Verf.) des Inhalts von Rechtsakten, sondern begnügt sich mit der Ausführung des Gesetzes hinsichtlich des formalen Elements der Verbindlichkeit nicht vom Gesetzgeber geschaffenen Rechts".

2. Kap.: Stellungnahme

spricht, die Arbeitsbedingungen fest. Der Staat beschränkt sich dann darauf, das zu tun, was über die Kräfte der Verbände ginge, nämlich die von den Koalitionen ausgehandelten Bedingungen (den Tarifvertrag) als auch für die Außenseiter gültiges Recht zu setzen. Es ließe sich also von einem Akt kooperativer Rechtsetzung[9] sprechen, bei dem die Verbände — ihrem Können und Vermögen entsprechend — den Inhalt bestimmen, während der Staat, mit seiner Hilfe dort ansetzend, wo die Zuständigkeit der Verbände ihre Grenze findet, kraft seiner staatlichen Rechtsetzungsbefugnis die von den Verbänden gefundene Regelung als auch für die Außenseiter verbindliches Recht setzt[10]. Es ist also auch hier wieder das Subsidiaritätsprinzip als umfassendes Ordnungsprinzip zu spüren, das die Hilfe des Staates dort eingreifen läßt, wo die Zuständigkeit des untergeordneten Verbandes aufhört[11].

Es fragt sich nun, ob die AVE, dem Vorgang ihrer Erzeugung nach gegenüber den Außenseitern ein Akt kooperativer Rechtsetzung, der Form nach als Rechtssatz zu betrachten ist[12].

Diese Frage ist zu bejahen. Selbst wenn man mit *Bettermann*[13] davon ausgeht, daß es auch Rechtsetzungsakte gibt, die keine Rechtssätze erzeugen, so trifft dies für die Außenseiter jedenfalls nicht zu, da für sie Geltungsgrundlage die staatliche Geltungsanordnung ist.

Anders dagegen bei den von *Bettermann* angeführten Beispielen: dort ist Geltungsgrundlage eine autonome Rechtsetzungsbefugnis etwa von Gemeinden[14]. Stellt man nun abschließend die Frage, ob dieser

---

[9] Vgl. auch *Nipperdey-Heussner*, Rechtsnatur, etwa S. 231, die von einem „gemeinschaftlichen Rechtsetzungsakt der Tarifvertragsparteien und des Staates" (ebenda, S. 231) sprechen. Mir will aber scheinen, daß die Bezeichnung „kooperative Rechtsetzung" aussagekräftiger ist, kommt doch darin die Zusammenarbeit, bei der jeder das Seine, das ihm Mögliche und seinen Kräften Gemäße beisteuert, deutlicher zum Ausdruck. Im übrigen sei nochmals ausdrücklich auf den inhaltlichen Unterschied zu der Ansicht von Nipperdey-Heussner hingewiesen.
[10] Ähnlich *Schantl*, G., Allgemeinverbindlicherklärung, S. 173: Es handelt sich auch hier um eine Verbindung von Elementen der repräsentativprivaten und der öffentlichen Rechtserzeugungsmethode: der Rechtsinhalt wird durch Vereinbarung von Partnern, die entgegengesetzte Berufsinteressen vertreten, festgelegt; die rechtsverbindliche Wirkung für Außenseiter fügt die staatliche Verwaltungsbehörde hinzu."
[11] Zum Subsidiaritätsprinzip vgl. die Ausführungen auf S. 48 und die dort angeführte Literatur.
[12] *Nipperdey-Heussner* wollen dies offenbar nicht tun, vgl. dieselben, Rechtsnatur, wo sie an keiner Stelle die AVE als Rechtssatz bezeichnen. Zur Unterscheidung von Rechtsetzungsakt und Rechtssatz vgl. *Bettermann*, K. A., Rechtssetzungsakt, S. 726 ff.; vgl. ferner *Zöllner*, W., Rechtsnatur, DB 1967, S. 335.
[13] Vgl. hierzu *Bettermann*, K. A., Rechtssetzungsakt, S. 727.
[14] Für die von Nipperdey-Heussner vertretene Lehre von der Doppelnatur der AVE ist die Ablehnung von deren Rechtssatzqualität insofern konsequent, als dort Geltungsgrundlage des allgemeinverbindlich erklärten Tarif-

vom Geltungsgrund her staatliche, vom Inhalt her kooperative Rechtsetzungsakt „AVE" als Rechtsverordnung bezeichnet werden kann, so ist kein Grund ersichtlich, dies nicht zu tun; vorausgesetzt natürlich, man bleibt sich immer über die speziellen Eigenheiten dieses Rechtsetzungsvorganges im klaren.

II. Beurteilung hinsichtlich der Tarifverbände

Ein anderes Bild ergibt sich zunächst, wenn man die AVE mit Blickrichtung auf die Tarifparteien hin betrachtet. Diesem Personenkreis gegenüber wird kein Recht gesetzt, sein Antrag auf AVE eines Tarifvertrags wird entweder angenommen oder abgelehnt.

Diese Betrachtungsweise könnte es nahelegen, in der AVE gegenüber den Tarifvertragsparteien einen Verwaltungsakt zu erblicken[15, 16]. Es ist also die tarifrechtliche Besonderheit einer Antragsberechtigung der Tarifverbände, die dies evtl. rechtfertigen könnte — eine Besonderheit, die andererseits in der Stellung und Aufgabe der Tarifverbände begründet ist.

So betrachtet mag es verständlich erscheinen, wenn *Nipperdey-Heussner* im Rahmen ihrer Lehre von der Doppelnatur in der AVE gegenüber den Tarifvertragsparteien einen Verwaltungsakt sehen wollen.

Es darf jedoch nicht übersehen werden, daß nach dieser Meinung die AVE gegenüber den Außenseitern lediglich eine „staatliche Mitwirkungshandlung an einem autonomen Rechtsetzungsverfahren"[17] sein soll. Unter dieser Voraussetzung mag eine Doppelnatur möglich sein.

In Wirklichkeit jedoch ist die AVE Rechtssatz. Dann kann sie aber nicht zugleich Verwaltungsakt sein. Denn entweder ist eine einheitliche Regelung als Rechtssatz ein Vorgang der Rechtserzeugung mit genereller Wirkung, oder als Verwaltungsakt bloße Rechtsanwendung im individuellen Bereich[18, 19].

---

vertrags für die Außenseiter eine Rechtsetzungsbefugnis der Tarifverbände sein soll.
[15] So *Nipperdey-Heussner*, in: dieselben, Rechtsnatur.
[16] Im Ergebnis entspräche dies einer gewissen Annäherung an die oben besprochenen Theorien von *Bogs*, *Herschel* und *Huber*, die aber inhaltlich daran kranken, daß sie die AVE für nur an die Tarifparteien gerichtet halten; vgl. hierzu oben, Abschn. I, Kap. 1. I—III.
[17] *Hueck-Nipperdey*, Lehrbuch II, S. 660.
[18] Vgl. zur Unterscheidung generell-individuell die Ausführungen zu Abschn. I, Kap. 3, III D.
[19] Vgl. hierzu auch *Bettermann*, K. A., Rechtsetzungsakt, S. 728 f.

3. Kapitel: Rechtsschutzerwägungen

Abschließend scheint es erforderlich, noch kurz auf die Frage einzugehen, ob bei einer Einordnung der AVE als reinen Rechtssatz ein hinreichender Rechtsschutz gewährleistet ist. Auch hierzu ist es wieder von Vorteil, Tarifparteien und bisherige Außenseiter getrennt zu betrachten.

I. Der Rechtsschutz für die Tarifverbände

A. Rechtsschutz gegenüber dem Erlaß einer Allgemeinverbindlicherklärung

Als erstes ist fraglich, ob die Tarifvertragsparteien gegenüber dem Erlaß einer AVE hinreichenden Rechtsschutz genießen. Zuvor ist jedoch zu prüfen, ob diesbezüglich überhaupt ein entsprechendes Rechtsschutzbedürfnis vorhanden ist. Diese Frage muß grundsätzlich verneint werden. Die AVE entwickelt üblicherweise Rechtswirkungen nur gegenüber den bisherigen Außenseitern[20], so daß die Tarifverbände durch ihren Erlaß grundsätzlich nicht beschwert werden können. Eine Ausnahme bildet ein Firmentarif, wenn der Arbeitgeber Außenseiter ist[21]. Für diesen Fall kann jedoch auf die Möglichkeit der Inzidenter-Prüfung vor dem Arbeitsgericht verwiesen werden.

Zwar ist es durchaus denkbar, daß dem Erlaß einer AVE tatsächliche Interessen einer Tarifpartei entgegenstehen[22]. So könnte man sich denken, daß etwa manche Gewerkschaften ein faktisches Interesse an einer Schlechterstellung der Außenseiter haben[23]. Es handelt sich jedoch hierbei um kein rechtlich geschütztes Interesse. Es kann nicht angenommen werden, daß „der Gesetzgeber den Tarifvertragsparteien sowohl das Beschränkungs- als auch das Ausdehnungsinteresse je nach ihrer Wahl schützen wollte"[24].

Ein rechtlich geschütztes Interesse der Tarifparteien am Nicht-Erlaß einer AVE ist also grundsätzlich nicht anzunehmen.

Entsprechend beschränkt wären auch die rechtlichen Möglichkeiten der Verbände gegen den Erlaß einer AVE.

Eine Anfechtungsklage käme nicht in Frage, weil diese gem. § 42 VwGO nur gegen Verwaltungsakte zulässig ist. Eine Klage auf Fest-

---

[20] Vgl. Bettermann, K. A., Rechtssetzungsakt, S. 740.
[21] Vgl. ebenda, S. 740.
[22] Vgl. etwa Zöllner, W., Rechtsnatur, DB 1967, S. 339; Schantl, G., Allgemeinverbindlicherklärung, S. 174 f.
[23] Hierauf deutet etwa die Haltung von Gewerkschaftsseite beim Streit um die Differenzierungsklauseln hin; vgl. auch Zöllner, W., Rechtsnatur, DB 1967, S. 339.
[24] Zöllner, W., Rechtsnatur, DB 1967, S. 339.

stellung der Ungültigkeit der AVE entspr. § 47 VwGO ist andererseits nur unter einer Reihe von Voraussetzungen möglich[25], die im Einzelfall wohl selten alle erfüllt sein dürften. Da es aber, wie oben ausgeführt, grundsätzlich an einem rechtlich geschützten Interesse der Tarifverbände am Nicht-Erlaß einer AVE fehlt, schadet der Mangel an rechtlichen Möglichkeiten nicht.

B. Rechtsschutz gegenüber der Ablehnung eines Antrags auf Allgemeinverbindlicherklärung

Anders stellt sich die Situation dar, wenn es um die Frage des Rechtsschutzes gegenüber der Ablehnung eines Antrags auf AVE geht. Hier läßt sich ein Rechtsschutzbedürfnis der Tarifverbände durchaus bejahen.

Zwar dürften die Tarifvertragsparteien grundsätzlich keinen Anspruch auf Erlaß einer AVE haben[26]. Diese Frage mag jedoch dahingestellt bleiben; auf jeden Fall haben sie Anspruch auf fehlerfreien Ermessensgebrauch bei der Bescheidung ihres Antrags auf AVE eines Tarifvertrags.

Und hierin sind sie — wie *Bettermann*[27] überzeugend dargetan hat, auch nicht rechtsschutzlos. Da nach der verwaltungsgerichtlichen Generalklausel der Verwaltungsrechtsweg in allen öffentlich-rechtlichen Streitigkeiten nichtverfassungsrechtlicher Art zulässig ist, steht den Tarifverbänden bei einer Verweigerung der AVE das Recht zu, „durch verwaltungsgerichtliche Klage auf Verpflichtung des Arbeitsministers zum Erlaß der Allgemeinverbindlichkeitserklärung oder zur Neubescheidung des Antrags wegen der Rechtswidrigkeit seiner Ablehnung"[28] vorzugehen.

Es wird hierbei davon ausgegangen, daß die Ablehnung des Antrags auf AVE nicht als Norm — auch nicht als Verwaltungsakt —, sondern als negativer Rechtsetzungsakt anzusehen ist. Dann nämlich steht einer verwaltungsgerichtlichen Klage nicht entgegen, „daß außerhalb des § 47 VwGO prinzipale Normenkontrollklagen zu den allgemeinen Verwaltungsgerichten nicht zulässig sind"[29]. Somit ist für die Tarifverbände auch gegen die Ablehnung eines Antrags auf AVE hinreichender Rechts-

---

[25] Vgl. hierzu die Aufzählung bei *Bettermann*, K. A., Rechtssetzungsakt, S. 739 f.
[26] So auch *Spanner*, H., Zur Rechtsnatur, DöV 1965, S. 158; zur Frage der staatlichen Satzungsgenehmigung als Ermessenserwägung vgl. *Küchenhoff*, Günther, Rechtsnatur, JuS 1965, S. 54.
[27] Vgl. *Bettermann*, K. A., Rechtssetzungsakt, S. 738 f.
[28] Ebenda, S. 739.
[29] Ebenda, S. 739.

schutz gegeben, ohne daß es erforderlich wäre, die AVE — oder deren Ablehnung als Verwaltungsakt zu konstruieren.

II. Der Rechtsschutz für die Außenseiter

Schließlich bleibt noch die Frage, ob die vom allgemeinverbindlich erklärten Tarifvertrag erfaßten bisherigen Außenseiter gegenüber einer als Rechtssatz verstandenen AVE hinreichenden Rechtsschutz genießen.

Die Frage läßt sich ohne weiteres bejahen. Zwar hat ein von einer AVE betroffener Außenseiter ebensowenig wie ein Tarifverband die Möglichkeit einer Anfechtung gem. § 42 VwGO, da kein Verwaltungsakt vorliegt[30]. Er ist deshalb aber nicht rechtsschutzlos, da „jedes Arbeitsgericht verpflichtet" ist, „bei der Anwendung der tariflichen Rechtsnormen auf einen Außenseiter inzidenter zu prüfen, ob die AVE nach den Voraussetzungen des § 5 TVG gültig zustande gekommen ist"[31].

Die Inzidenter-Prüfung im arbeitsgerichtlichen Prozeß ist als Rechtsschutz durchaus hinreichend, da ein eigenes rechtlich geschütztes Interesse der Außenseiter an einem Erlaß oder Nicht-Erlaß einer AVE nicht anzunehmen ist.

---

[30] Zum gleichen Ergebnis gelangen hinsichtlich der Außenseiter auch *Nipperdey-Heussner;* vgl. dieselben, Rechtsnatur, S. 234.
[31] Ebenda, S. 234.

Zusammenfassung

A. Zum 1. Teil (Rechtscharakter der Tarifverträge läßt sich folgendes festhalten:

(1) Der Tarifvertrag gehört im ganzen — also mit seinem obligatorischen und mit seinem normativen Teil — dem Privatrecht an.

(2) Die Frage nach dem tariflichen Rechtserzeugungsvorgang läßt sich in der Theorie auf zweierlei Weise beantworten, nämlich:

  (a) als privatautonome Normbildung

  (b) als Rechtsetzung kraft staatlicher Delegation.

  Wegen ihrer größeren Praktikabilität verdient jedoch die zweite Meinung den Vorzug.

B. Zum 2. Teil (Rechtscharakter der Allgemeinverbindlicherklärung) ist zusammenfassend festzustellen:

(1) Die AVE ist unbestrittenermaßen ein öffentlich-rechtlicher Vorgang.

(2) Nicht gefolgt werden kann folgenden Erklärungsversuchen:

  (a) Den Verwaltungsakt-Theorien; die AVE kann nicht als Verwaltungsakt, auch nicht in der Form der Allgemeinverfügung, klassifiziert werden, insbesondere weil:

    (aa) ihr Adressatenkreis zum Zeitpunkt des Erlasses nicht genau bestimmbar ist,

    (bb) sie für die Außenseiter einen Akt der Rechtsetzung bildet.

  (b) Der Lehre von der Doppelnatur der AVE; dieser Lösungsversuch berücksichtigt nicht, daß für die Außenseiter der Vorgang der Rechtserzeugung nicht schon in der Tarifnormen-Bildung durch die Tarifverträge erfolgt, sondern erst in der AVE durch den BMA.

(3) Die AVE ist vielmehr dem Vorgang ihrer Erzeugung nach ein Akt kooperativer, verbandlich-staatlicher Rechtserzeugung — der Form nach ist sie ein Rechtssatz in Gestalt einer Rechtsverordnung.

Literaturverzeichnis

(Bei mehrfach zitierten Werken eines Verfassers wird im allgemeinen der durch *Kursivsatz* kenntlich gemachte Kurztitel angegeben.)

1. Selbständige Schriften

Adomeit, Klaus: Rechtsquellenfragen im Arbeitsrecht, München 1969

Biedenkopf, Kurt H.: Grenzen der Tarifautonomie, Karlsruhe 1964

Bierling, Ernst-Rudolf: Juristische *Prinzipienlehre*, Freiburg und Leipzig 1894—1917, Neudruck Aalen 1961

Bobrowski, Paul und Dieter *Gaul:* Das Arbeitsrecht im Betrieb, 6. Auflage, Heidelberg 1970

Bötticher, Eduard: *Gestaltungsrecht* und Unterwerfung im Privatrecht, Berlin 1964

Bucher, Eugen: Das subjektive Recht als Normsetzungsbefugnis, Tübingen 1965

Buchner, Herbert: Tarifvertragsgesetz und Koalitionsfreiheit; Zur verfassungsrechtlichen Problematik der §§ 3 Abs. II, 3 Abs. III, 3 Abs. V und 9 Abs. I TVG, Diss. jur., München 1964

Bullinger, Martin: Öffentliches Recht und Privatrecht, Stuttgart, Berlin, Köln und Mainz 1968

Dechant, Hans: Der Kollektivvertrag nach österreichischem und deutschem Rechte unter Berücksichtigung des schweizerischen Obligationenrechtes, Wien, Leipzig und München 1923

Dellmann, Hansjörg: Die *Allgemeinverbindlicherklärung* von Tarifverträgen — Staatliche Rechtsetzung oder Mitwirkung des Staates im Rahmen erweiterter Autonomie der Sozialpartner, Diss. jur. Köln 1966

Dersch, Herrmann und Erich *Volkmar:* Arbeitsgerichtsgesetz, Kommentar, 6. Auflage, Berlin und Frankfurt 1955

Drews, Bill und Gerhard *Wacke:* Allgemeines Polizeirecht, 7. Auflage, Berlin, Köln, München und Bonn 1961

Enneccerus-Nipperdey: Allgemeiner Teil des bürgerlichen Rechts, 1. und 2. Halbband, 15. Auflage, Tübingen 1959/60 (zitiert: BGB - AT)

Erman, Walter: Handkommentar zum Bürgerlichen Gesetzbuch, Band I, 4. Auflage, Münster 1967 mit Nachtrag von 1969

Eyermann, Erich und Ludwig *Fröhler:* Verwaltungsgerichtsordnung, 5. Auflage, München 1971 (zitiert: VwGO)

Feistel, Klaus: Die *Zulässigkeit* der Normierung von Beweislastregeln in Tarifverträgen — Ein Beitrag zur Lehre von den Grenzen der Tarifautonomie. Diss. jur. Köln 1969

Floretta, Hans: *Arbeitsrecht* und Europäische Menschenrechtskommission, in der Reihe: Salzburger Universitätsreden, Band 21, Salzburg und München 1967

Flume, Werner: Allgemeiner Teil des Bürgerlichen Rechts, Band II, Das Rechtsgeschäft, o. Auflage, Berlin, Heidelberg und New York 1965

Forsthoff, Ernst: Lehrbuch des Verwaltungsrechts, Band I, AT, 9. Auflage, München und Berlin 1966

Gierke, Otto von: Deutsches Privatrecht, Band I, Leipzig 1895

Hablitzel, Hans: Verbands- und Betriebsratskompetenzen für rechtsetzende Vereinbarungen im Arbeitsrecht — Zugleich ein Beitrag zum Verhältnis von Gewerkschaften und Betrieb, Diss. jur. Würzburg 1970

Häberle, Peter: Öffentliches Interesse als juristisches Problem, Bad Homburg 1970

Hamann, Andreas und Helmut *Lenz:* Das Grundgesetz für die Bundesrepublik Deutschland vom 23. Mai 1949, 3. Auflage, Neuwied und Berlin 1970

Heide, Karin: Die Einwirkungen des Verfassungsrechts auf das Tarifvertragsrecht, Diss. jur. Würzburg 1969

Heidelbach, Helmut: Die Unterscheidung zwischen privatem und öffentlichem Recht im Arbeitsrecht, Diss. jur. Marburg 1966

Hinz, Manfred O.: Tarifhoheit und Verfassungsrecht, in der Reihe: Schriften zum Öffentlichen Recht, Band 137, Berlin 1971

Hippel, Fritz von: Das Problem der rechtsgeschäftlichen Privatautonomie. Beiträge zu einem Natürlichen System des privaten Verkehrsrechts und zur Erforschung der Rechtstheorie des 19. Jhd., Tübingen 1936

Hirche, Kurt: Die Wirtschaftsunternehmen der Gewerkschaften, 1. Auflage, Düsseldorf und Wien 1966

Huber, Ernst Rudolf: *Wirtschaftsverwaltungsrecht*, Band II, 2. Auflage, Tübingen 1954, 1. Auflage, Tübingen 1932

Hueck, Alfred und Hans Carl *Nipperdey:* Lehrbuch des Arbeitsrechts, Band II, 1. Halbband, 7. Auflage, Berlin und Frankfurt 1967, 6. Auflage, Berlin und Frankfurt 1957

Hueck, Alfred, Hans Carl *Nipperdey* und Ernst *Tophoven:* Tarifvertragsgesetz, 3. Auflage, München und Berlin 1955 (zitiert: TVG, 3. Aufl.)

Hueck, Alfred, Hans Carl *Nipperdey* und Eugen *Stahlhacke:* Tarifvertragsgesetz, 4. Auflage, München und Berlin 1964 (zitiert: TVG)

Husserl, Gerhart: Rechtskraft und Rechtsgeltung, Band I, Berlin 1925

Jacobi, Erwin: *Grundlehren* des Arbeitsrechts, Leipzig 1927

Kaiser, Joseph H.: Die Repräsentation organisierter Interessen, Berlin 1956

Kaskel, Walter: Arbeitsrecht, 3. Auflage, Berlin 1928

Kaskel, Walter und Herrmann *Dersch:* Arbeitsrecht, 5. Auflage, Berlin, Göttingen und Heidelberg 1957

Kassimatis, Georg: Der *Bereich* der Regierung, Diss. jur. München 1965, in: Schriften zum Öffentlichen Recht, Band 66, Berlin 1967

Kelsen, Hans: Reine Rechtslehre, 2. Auflage, Wien 1960

Kirchner, Dieter: Die Grenzen der Staatsgewalt bei der Allgemeinverbindlicherklärung von Tarifverträgen, Diss. jur., Köln 1959

Klinger, Hans: Verwaltungsgerichtsordnung, 2. Auflage, Göttingen 1964

Köhler, Alexander: Kommentar zur Verwaltungsgerichtsordnung, Berlin und Frankfurt 1960

Küchenhoff, Günther: Freiheit und Verantwortung — Grenzen der Tarifautonomie (Festvortrag anläßlich der Eröffnung des Arbeitsrechtlichen Seminars im Rahmen des „Sozialen Seminars im Haus der Begegnung" in Köln am 23. 10. 1963) (Sonderdruck)
— *Naturrecht* und Liebesrecht, 2. Auflage, Hildesheim 1962
Küchenhoff, Günther und Erich: Allgemeine Staatslehre, 7. Auflage, Stuttgart, Berlin, Köln und Mainz 1971
Langels, Rudolf Hans: Die Rechtsnatur der Allgemeinverbindlicherklärung von Tarifverträgen, Diss. jur., Köln 1962
Lehmann, Heinrich und Heinz *Hübner*: Allgemeiner Teil des Bürgerlichen Gesetzbuchs, 15. Auflage, Berlin 1966
Lerche, Peter: Verfassungsrechtliche Zentralfragen des Arbeitskampfes, Bad Homburg v. d. H., Berlin und Zürich 1968
Lieb, Manfred: Die Rechtsnatur der Allgemeinverbindlicherklärung von Tarifverträgen als Problem des Geltungsbereiches autonomer Normensetzung, Diss. jur., München 1960
Mangoldt, Herrmann von: Das Bonner Grundgesetz, Berlin und Frankfurt 1953
Mangoldt, Herrmann von und Friedrich *Klein*: Das Bonner Grundgesetz, Band I, Berlin und Frankfurt 1957
Manigk, Alfred: Die Privatautonomie im Aufbau der Rechtsquellen, Berlin 1935
Martens, Wolfgang: Öffentlich als Rechtsbegriff, Bad Homburg v. d. H., Berlin und Zürich 1969
Maunz, Theodor: Deutsches Staatsrecht, 18. Auflage, München 1971
Maunz, Theodor, Günther *Dürig* und Roman *Herzog*: Grundgesetzkommentar, München 1971 (zitiert: GG)
Maus, Wilhelm: Tarifvertragsgesetz, Göttingen 1956
— Handbuch des Arbeitsrechts (Loseblattausgabe), 2. Auflage, Frankfurt
Molitor, Erich: Über öffentliches Recht und Privatrecht, Karlsruhe 1949
Nawiasky, Hans: Allgemeine Rechtslehre, 2. Auflage, Einsiedeln, Zürich und Köln 1948
— Staatslehre, Band III, Einsiedeln, Zürich und Köln 1956
Nikisch, Arthur: Arbeitsrecht, Band II, 2. Auflage, Tübingen 1959
Nipperdey, Hans Carl: Beiträge zum Tarifrecht, Mannheim, Berlin und Leipzig 1924
— Grundrechte und Privatrecht, Krefeld 1961
Peters, Hans: Lehrbuch der Verwaltung, o. Auflage, Berlin, Göttingen und Heidelberg 1949
Peters, Hans und Fritz *Ossenbühl*: Die Übertragung von öffentlich-rechtlichen Befugnissen auf die Sozialpartner unter besonderer Berücksichtigung des Arbeitszeitschutzes, Berlin und Frankfurt 1967
Ramm, Thilo: Die Parteien des Tarifvertrages, Kritik und Neubegründung der Lehre vom Tarifvertrag, Stuttgart 1961
Reichsgerichtsräte: Das Bürgerliche Gesetzbuch, Kommentar, herausgegeben von Reichsgerichtsräten und Bundesrichtern, Band I, 11. Auflage, Berlin 1959

Richardi, Reinhard: *Kollektivgewalt* nud Individualwille bei der Gestaltung des Arbeitsverhältnisses, in der Reihe: Münchner Universitätsschriften, Reihe der juristischen Fakultät, Band 6, München 1968

Schasching, Johannes (Hrsg.): Die soziale Botschaft der Kirche von Leo XIII bis Johannes XXIII, Innsbruck, Wien, München 1962

Schmidt-Bleibtreu, Bruno und Franz *Klein:* Kommentar zum Grundgesetz für die Bundesrepublik Deutschland, 2. Auflage, Neuwied und Berlin 1970

Schnorr, Gerhard: Die für das Arbeitsrecht spezifischen Rechtsquellen, Wien 1969

Schnorr von Carolsfeld, Ludwig: Arbeitsrecht, 2. Auflage, Göttingen 1954

Schunk, Egon und Hans *de Clerk:* Kommentar zur Verwaltungsgerichtsordnung, 2. Auflage, Siegburg 1967

Sinzheimer, Hugo: *Grundzüge* des Arbeitsrechts, 2. Auflage, Jena 1927

Soergel - Siebert: Bürgerliches Gesetzbuch, Band I, 9. Auflage, Stuttgart 1959

Stammler, Wolfgang G.: Autonomes Recht in der *Rangordnung* der Rechtsquellen, insbesondere die Einordnung der Tarifnorm, Diss. jur., Frankfurt 1970

Sträter, Brigitte: Die Allgemeinverbindlicherklärung von Tarifverträgen, Diss. jur., Würzburg 1967

Strasser, Rudolf: Kollektivvertrag und Verfassung, Wien 1968

Streng, Otto-Herbert: *Tarifvertrag* und Einzelarbeitsverhältnis, Diss. jur., Erlangen—Nürnberg 1963

Tuhr, Andreas von: Der Allgemeine Teil des Deutschen Bürgerlichen Rechts, Band II/1, München und Leipzig 1914 (Neudruck Berlin 1957)

Triepel, Heinrich: Delegation und Mandat im öffentlichen Recht, Stuttgart und Berlin 1942

Ule, Carl Hermann: Verwaltungsprozeßrecht, 5. Auflage, München 1971

— Gesetz über das Bundesverwaltungsgericht, Handkommentar, Berlin und Köln 1952

Utz, Arthur Fridolin: Das Subsidiaritätsprinzip (Sammlung Politeia, Band II), Heidelberg 1953

— Formen und Grenzen des Subsidiaritätsprinzips (Sammlung Politeia Band IX), Heidelberg 1956

Valerius, Hans: Die *Parteien* des Tarifvertrages, Diss. jur., Köln 1968

Völpel, Dagobert: Rechtlicher Einfluß von Wirtschaftsgruppen auf die Staatsgestaltung, Berlin 1972

Volkmar, Dieter: *Allgemeiner Rechtssatz* und Einzelakt, in der Reihe: Schriften zum Öffentlichen Recht, Band 8, Berlin 1962

Westecker, Wilhelm: Die Rechtsnatur von Tariffähigkeit und Tarifgebundenheit, öffentlich-rechtliche Befugnis oder privatrechtliche Gestaltungsmacht und Unterwerfung, Diss. jur., Würzburg 1966

Wiethölter, Rudolf: Rechtswissenschaft, Frankfurt 1968

Wolff, Hans J.: Verwaltungsrecht, Band I, 7. Auflage, München 1968

Zöllner, Wolfgang: Die Rechtsnatur der Tarifnormen nach deutschem Recht, Wien 1966

2. Beiträge in Zeitschriften und Sammelwerken

Adomeit, Klaus: Zur Theorie des Tarifvertrages, RdA 1967, S. 297 ff.
— Zur Rechtsheorie des Kollektiven Arbeitsrechts, ZfA 1971, S. 415 ff.
Auffahrth: Anfechtbarkeit und Rechtsnatur der Allgemeinverbindlicherklärung von Tarifverträgen, BABl. 1957, S. 756 ff.
Becker, Erich: Die Tarifnormenkollision, Diss. jur., Leipzig 1924, in: Schriften des Instituts für Arbeitsrecht an der Universität Leipzig, Heft 4
Berger: Die Allgemeinverbindlicherklärung als Rechtsverordnung, Stellungnahme, DVBl. 1956, S. 858 ff.
— Die Rechtsnatur der Allgemeinverbindlicherklärung, BB 1956, S. 533 f.
Bettermann, Karl August: Rechtsetzungsakt, Rechtssatz und Verwaltungsakt, in: Festschrift für Hans Carl Nipperdey, zum 70. Geburtstag, Band II, München und Berlin 1965, S. 723 ff.
— Die Allgemeinverbindlicherklärung eines Tarifvertrages: Rechtsschutz, Rechtskontrolle und Rechtsnatur, RdA 1959, S. 245 ff. (zitiert: AVE)
Biedenkopf, Kurt H.: Die zukünftige Entwicklung des Tarifvertragsrechts in der Europäischen Gemeinschaft, in: Mayer-Maly, Theo (Hrsg.), Kollektivverträge in Europa — Conventions collectives de travail, München und Salzburg 1972, S. 9 ff.
Bogs, Walter: Autonomie und verbandliche Selbstverwaltung im modernen Arbeits- und Sozialrecht, RdA 1956, S. 1 ff.
— Zur Entwicklung der Rechtsform des Tarifvertrages, in: Festschrift für Julius von Gierke, Berlin 1950, S. 39 ff.
Brecher, Fritz: Grundrechte im Betrieb, in: Festschrift für Hans Carl Nipperdey zum 70. Geburtstag, Band II, München und Berlin 1965, S. 29 ff.
Bulla, Gustav-Adolf: Soziale Selbstverwaltung der Sozialpartner als Rechtsprinzip, in: Festschrift für Hans Carl Nipperdey zum 70. Geburtstag, Band II, München und Berlin 1965, S. 79 ff.
Bydlinski, Franz: Buchbesprechung, RdA 1968, S. 74 f.
Dellmann, Hansjörg: Allgemeinverbindlicherklärung von Tarifverträgen und erweiterte Autonomie, ArbuR 1967, S. 138 ff.
Dersch, Herrmann: Die Bedeutung der Verwaltungsakte in der neueren Entwicklung des Arbeitsrechts und der Sozialversicherung, in: Festschrift für Hans Carl Nipperdey zum 60. Geburtstag, München und Berlin 1955, S. 215 ff.
Dürig, Günther: Verfassung und Verwaltung im Wohlfahrtsstaat, JZ 1953, S. 193 ff.
Floretta, Hans: Die Rechtsnatur der Quellen des kollektiven Arbeitsrechts (Kollektivvertrag, Satzung, Betriebsvereinbarung), in: Floretta, H. und G. Kafka, Zur Rechtstheorie des kollektiven Arbeitsrechtes, Wien 1970
Fichtmüller, Carl Peter: Doppelnatur von Verwaltungsakten?, JuS 1965, S. 350 ff.
Fuss, Ernst-Werner: Allgemeiner Rechtssatz und Einzelakt, DöV 1964, S. 522 ff.
— Rechtssatz und Einzelakt im Europäischen Gemeinschaftsrecht, NJW 1964, S. 945 ff.
Galperin, Hans: Die autonome Rechtsetzung im Arbeitsrecht, in: Festschrift für Erich Molitor, München und Berlin 1962, S. 143 ff.

— Inhalt und Grenzen des kollektiven Koalitionsrechts, ArbuR 1965, S. 1 ff.

Gamillscheg, Franz: Nipperdey und sein Kritiker, JZ 1965, S. 47 ff.

Gross, Rolf: Zur Rechtsnatur der Allgemeinverbindlicherklärung, NJW 1965, S. 283 ff.

Gumpert, Jobst: *Rechtsmittel* gegen die Allgemeinverbindlicherklärung von Tarifverträgen, BB 1954, S. 261 ff.

— Nachprüfung der Allgemeinverbindlicherklärung durch Arbeitsgerichte oder Verwaltungsgerichte, BB 1959, S. 271 ff.

Hengstenberg, H. E.: *Philosophische Begründung* des Subsidiaritätsprinzips, bei Utz Arthur Fridolin, Das Subsidiaritätsprinzip, Heidelberg 1953, S. 19 ff.

Herrfahrdt, Heinrich: in: Bonner Kommentar, Hamburg 1950—1972

Herschel, Wilhelm: Sinn und Grenzen der Vereinbarungsbefugnis der Tarifvertragsparteien, Referat vor dem 46. Deutschen Juristentag, in: Verhandlungen des 46. deutschen Juristentages in Essen 1966, München und Berlin 1967, Teil D

— Zur *Rechtsnatur* der Allgemeinverbindlicherklärung von Tarifverträgen, in: Sozialreform und Sozialrecht, Festschrift für Walter Bogs, Berlin 1959, S. 125 ff.

— *Zur Rechtsnatur* der Allgemeinverbindlicherklärung eines Tarifvertrages, RdA 1959, S. 361 ff.

— *Fragen des Tarifrechts*, BABl. 1950, S. 377 ff.

— Die Vertragsordnung als Rechtsnorm, DR 1942, S. 753 ff.

Hessel, Philipp: Die Rechtsnatur der Allgemeinverbindlicherklärung BB 1956, S. 790 ff.

Holtkotten, Hans: in: Bonner Kommentar, Hamburg 1950—1972

Hueck, Alfred: Normenverträge, in: Iherings Jahrbücher, Band 73, Jena 1923, S. 33 ff.

Husen, Paul von: Gibt es in der Verwaltungsgerichtsbarkeit justizfreie *Regierungsakte*?, DVBl. 1953, S. 70 ff.

Kafka, Gustav: Kollektives Arbeitsrecht und Verfassung, in: Floretta, H. und G. Kafka, Zur Rechtstheorie des kollektiven Arbeitsrechtes, Wien 1970, S. 30 ff.

Kelsen, Hans: Zum Begriff der Norm, in: Festschrift für Hans Carl Nipperdey zum 70. Geburtstag, Band I, München und Berlin 1965, S. 57 ff.

Kirchner, Dieter: Die richterliche Nachprüfbarkeit der Allgemeinverbindlicherklärung, ArbuR 1959, S. 336 ff.

Klein, Friedrich: Verordnungsermächtigung nach deutschem Verfassungsrecht, in: Die Übertragung rechtsetzender Gewalt im Rechtsstaat, Frankfurt 1952, S. 7 ff.

Köhler, v.: Ist eine Allgemeinverbindlicherklärung anfechtbar?, DVBl. 1956, S. 712 ff.

Krüger, Hildegard: Die *Rechtsnatur* der Allgemeinverbindlicherklärung, RdA 1957, S. 46 ff.

Küchenhoff, Günther: Die *Rechtsnatur* der staatlichen Genehmigung zu Rechtsetzungsakten öffentlicher Körperschaften — BVerwGE 16, 83, JuS 1965, S. 52 ff.

— Bund und Gemeinde, BayVBl 1958, S. 65 ff., 101 ff.

Küchenhoff, Günther: Das *Prinzip* der staatlichen Subsidiarität im Arbeitsrecht, RdA 1959, S. 201 ff.
— Staatsverfassung und Subsidiarität. bei: Utz, Arthur Fridolin: Das Subsidiaritätsprinzip, Heidelberg 1953, S. 67 ff.
— Das Arbeitsrecht als Ordnung individueller und sozialer Grundkräfte des Menschen, in: Festschrift für Hans Schmitz, Band I, Wien und München 1967, S. 109 ff.
— Das Arbeitsverhältnis im Gemeinschaftsstaat würdigen Schaffens, ArbuR 1964, S. 225 ff.
— *Subsidiarität* und Solidarität im Betriebsverfassungsrecht, DB 1963, S. 765 ff.
— Kapitel: Dienstvertrag, in: Erman, Walter, Handkommentar zum Bürgerlichen Gesetzbuch, Band I, 4. Auflage, Münster 1967 mit Nachtrag von 1969
— Einwirkungen des Verfassungsrechts auf das Arbeitsrecht, in: Festschrift für Hans Carl Nipperdey zum 70. Geburtsag, Band II, München und Berlin 1965, S. 317 ff.
— Verbandsautonomie, Grundrechte und Staatsgewalt, ArbuR 1963, S. 321 ff.
— Einwirkung des Verfassungsrechts auf das Arbeitsrecht, RdA 1969, S. 97 ff.
Lange, Erich: Die Rechte der Gewerkschaften, NZfAR 1923, Sp. 301 ff.
Laufke, Franz: Vertragsfreiheit und Grundgesetz, in: Festschrift für Heinrich Lehmann, Band I, Berlin, Tübingen und Frankfurt 1956, S. 145 ff.
Lieb, Manfred: *Rechtsnatur* und Mängel der Allgemeinverbindlicherklärung eines Tarifvertrages, RdA 1957, S. 260 ff.
List, Friedrich: Über den Begriff und das Tatbestandsmerkmal der Öffentlichkeit, Festschrift für Friedrich Giese, Frankfurt 1953, S. 135 ff.
Liver, Peter: Der Begriff der *Rechtsquelle*, in: Rechtsquellenprobleme im Schweizerischen Recht, Festgabe für den schweizerischen Juristenverein, Bern 1955, S. 1 ff.
Löwisch, Manfred: Die Ausrichtung der tariflichen Lohnfestsetzung am gesamtwirtschaftlichen Gleichgewicht, RdA 1969, S. 129 ff.
Maus, Wilhelm: Beteiligung von Ausschüssen an Verwaltung und Normsetzung im Arbeitsrecht, in: Sozialreform und Sozialrecht, Festschrift für Walter Bogs, Berlin 1959, S. 169 ff.
Mayer-Maly, Theo: Zur arbeitsrechtlichen Bedeutung der Lehre vom Gestaltungsrecht, RdA 1965, S. 361 ff.
— Hauptprobleme des deutschen und des österreichischen Tarifvertragsrechts, in: ders. (Hrsg.), Kollektivverträge in Europa — Conventions collectives de travail, München und Salzburg 1972, S. 153 ff.
— Die negative Koalitionsfreiheit am Prüfstein, ZAS 1969, S. 81 ff.
Menger, Christian-Friedrich: Höchstrichterliche Rechtsprechung zum Verwaltungsrecht, Verwaltungsarchiv 1962, S. 394
Molitor, Erich: Die Rechtsnatur der Arbeitsordnung und der Tarifbestimmungen, AR 1923, Sp. 321 ff.
Müller, Gerhard: Probleme der *Friedenspflicht*, DB 1959, S. 515 ff.
Neumann, Franz: in: AR 1926, Spalte 39 ff.
Nikisch, Arthur: Buchbesprechung, RdA 1962, S. 39 f.

Nipperdey, Hans Carl: Das Tarifvertragsgesetz des vereinigten Wirtschaftsgebietes, RdA 1949, S. 81 ff.
— Gleicher Lohn der Frau für gleiche Leistung, RdA 1950, S. 121 ff.
Nipperdey, Hans Carl und Hermann *Heussner:* Die Rechtsnatur der Allgemeinverbindlichkeitserklärung von Tarifverträgen, in: Staatsbürger und Staatsgewalt, Jubiläumsschrift zum hundertjährigen Bestehen der deutschen Verwaltungsgerichtsbarkeit und zum zehnjährigen Bestehen des Bundesverwaltungsgerichtes, Band I, Karlsruhe 1963, S. 211 ff.
Nipperdey, Hans Carl und F. J. *Säcker:* Das Zustandekommen des Tarifvertrags, Arbeitsrecht-Blattei, TV II B, 1970
Obermayer, Klaus: Die staatsaufsichtlichen Rechtsakte gegenüber den Gemeinden, BayVBl. 1962, S. 39 ff.
Ossenbühl, Fritz: Der öffentliche Status der Gewerkschaften, NJW 1965, S. 1561 ff.
Pernthaler, Peter: Verfassungsrechtliche Probleme der autonomen Rechtsetzung im Arbeitsrecht, ÖZföR 1967, S. 45 ff.
— Das Problem der verfassungsrechtlichen Einordnung (Legitimation) des Kollektivvertrages, ZAS 1966, S. 33 ff.
Radke, Olaf: Rechtsbeziehungen zwischen einer Tarifvertragspartei und den Mitgliedern der gegnerischen Tarifvertragspartei, ArbuR 1956, S. 273 ff.
— Nochmals: Rechtsbeziehungen ..., ArbuR 1957, S. 257 ff.
Ramm, Thilo: Die *Rechtsprechung* des Bundesarbeitsgerichts, JZ 1964, S. 546 ff.
— Die *Rechtsnatur* des Tarifvertrages, JZ 1962, S. 78 ff.
Rehbinder, Manfred: Die *Rechtsnatur* des Tarifvertrags, JR 1968, S. 167 ff.
Reuss, Wilhelm: Die Bedeutung des Gemeinwohls für die Tarifhoheit, ZfA 1970, S. 319 ff.
Richardi, Reinhard: Normative Konsequenzen, Arbeitgeber 1969, S. 467 ff.
Romberg, W.: Allgemeinverbindlicherklärung von Tarifverträgen und Grundgesetz, AöR 77, S. 110 f.
Rupp, Hans Heinrich: Zum Anwendungsbereich des verwaltungsrechtlichen Vertrages, JuS 1961, S. 59 ff.
Schantl, Gernot: Die *Allgemeinverbindlicherklärung* von Kollektivverträgen (Satzungserklärung) im System der Rechtserzeugungsmethoden, ZAS 1969, S. 172 ff.
Schmidt-Rimpler, Walter, Paul *Gieseke*, Ernst *Friesenhahn* und Alexander *Knur:* Die Lohngleichheit von Männern und Frauen (Rechtsgutachten des Instituts für Handels- und Wirtschaftsrecht an der Universität Bonn vom 23. 5. 1950 „Bonner Gutachten"), AöR 76, S. 165 ff.
Schneider, Hans: Autonome Satzung und Rechtsverordnung, in: Festschrift für Philipp Möhring, München und Berlin 1965, S. 521 ff.
— Gerichtsfreie Hoheitsakte, in der Reihe Recht und Staat, Band 160/161, Tübingen 1951
Schnorr, Gerhard: Inhalt und Grenzen der Tarifautonomie, JR 1966, S. 327 ff.
Sieg, Karl: Der Tarifvertrag im Blickpunkt der Dogmatik des Zivilrechts, AcP 151, S. 246 ff.
Sitzler, Friedrich: Arbeitsrechts-Blattei, Handbuch für die Praxis, Tarifvertrag X

Spanner, Hans: Zur Rechtsnatur der Allgemeinverbindlicherklärung von Tarifverträgen, DöV 1965, S. 154 ff.

Thiele, Willi: Zur Rechtsnatur der Allgemeinverbindlicherklärung, ArbuR 1958, S. 18 ff.

Thoma, Richard: Der Vorbehalt des Gesetzes im preußischen Verfassungsrecht, in: Festgabe für Otto Mayer, Tübingen 1916, S. 165 ff.

Tomandl, Theodor: Der Kollektivvertrag — doch ein Instrument des Privatrechts, ZAS 1969, S. 161 ff., 206 ff.

van der Ven, Josef: Organisation, Ordnung und Gerechtigkeit bei: Utz, Arthur Fridolin: Das Subsidiaritätsprinzip, Heidelberg 1953, S. 45 ff.

— Die Überwindung der traditionellen Zweiteilung von öffentlichem und privatem Recht, besonders an Hand des Arbeitsrechts, in: Festschrift für Hans Carl Nipperdey zum 70. Geburtstag, München und Berlin 1965, S. 681 ff.

Walz, G. A.: Die „Vereinbarung" als Rechtsfigur des öffentlichen Rechts, AöR 1953, S. 161 ff.

Wawretzko, H.: Für allgemeinverbindlich erklärte Tarifverträge sind Rechtsverordnungen, Arbeitgeber 1959, S. 299 ff.

Wertenbruch: Zur Rechtsnatur der Allgemeinverbindlichkeitserklärung, RdA 1954, S. 67 f.

Zöllner, Wolfgang: Die Rechtsnatur der Allgemeinverbindlicherklärung von Tarifverträgen, DB 1967, S. 334 ff.

— Das Wesen der Tarifnormen, RdA 1964, S. 443 ff.

— *Tarifmacht* und Außenseiter, RdA 1962, S. 453 ff.

— Zur *Publikation* von Tarifverträgen und Betriebsvereinbarung, DVBl 1958, S. 124 ff.

3. Sonstige

Bachof, Otto: Anmerkung zu Hess. VGH vom 10. 2. 1950 — MDR 1950, S. 374 (S. 375 ff.)

— Die Rechtsprechung des Bundesverwaltungsgerichts, JZ 1966, S. 562

Molitor, Erich: Anmerkung zu BAG vom 23. 3. 1957 in Arbeitsrechtsblattei, Handbuch für die Praxis, Tarifvertrag I B Entscheidung 1

Tophoven, E.: Anmerkung zu AP Nr. 6 zu § 5 Tarifvertragsgesetz

Printed by Libri Plureos GmbH
in Hamburg, Germany